Michael Frank

Alles Wien

Grafische Gestaltung: Dorothea Löcker, Wien
Umschlagfoto: Erich Lessing
Druck und Verarbeitung:
Druckerei Theiss GmbH, A-9431 St. Stefan
ISBN 3-85452-472-2

Michael Frank

Alles Wien

Stadtansichten

Picus Verlag Wien

Inhalt

Vorwörter

Das erste Mal bei Wiener Freunden. Spät abends bietet man dem Gast an, ihn nach Hause zu führen. So entgegenkommend dieses Anerbieten schien, so befremdete es doch: Hielten die guten Gastgeber den teutonischen Fremdling doch wohl für so tollpatschig und in der Topografie der Stadt unbewandert, dass man ihn bei der Hand nehmen und eben nach Hause führen müsse. Mit freundlichem, aber bestimmt ablehnendem Dank wollte er sich allein auf den Weg machen. Nun stellte sich vice versa bei den Freunden eine gewisse Befremdung ein: Es gehe doch nur darum, des weiten Weges wegen, das Auto zu nehmen, weil keine Tram und kein Bus mehr führen. Führen? Erster Eintrag ins deutsch-österreichische Fremdwörterbuch: Wenn Wiener jemanden heimfahren, dann führen sie ihn heim; wie sie aber – sprachlich – den Blinden an der Hand heimführen, ist bis heute nicht herauszubekommen gewesen.

Die Lampe, die es zu entzünden gälte, stehe am Tisch, beschied man den Gast. Der fand die Stehlampe am Tisch einfach nicht. So dunkel war es eigentlich nicht, dass man eine Lampe, die direkt neben dem Tische stand, nicht hätte finden können. Die Gastgeberin knipste dann selbst die kleine Jugendstilfunzel auf dem Tisch an. Sie hat sich wohl über die Begriffsstutzigkeit des seltsamen Menschen aus der deutschsprachigen Ferne gewundert. In Jahren vermag man sich nicht daran zu gewöhnen, Dinge, die als in der Nähe eines Möbels, eines Ortes, eines Punktes befindlich bezeichnet werden, also am Tisch, auf diesem zu suchen. Manchmal keimt die Lust, wenn man im Kreise von Bekannten am Tisch Platz nehmen soll, sich auf denselben zu setzen.

Der geflügelte Aphorismus, nichts trenne Deutsche und Österreicher schärfer als die gemeinsame Sprache, hat seine Entsprechung in Weltsicht und Gefühl. Ein wenig in diesen kleinen, reizvollen Missweisungen zu stochern und sie zum Anlass beiläufiger Beschreibungen über das zu machen, was den Fremden in der großen Stadt Wien erstaunen lässt, überzeugte eines Morgens der Gang zum Bäcker. Die feinen Unterschiede zwischen Hand- und Maschinsemmel hatte man indessen begriffen, eine delikate Differenzierung, wie sie die eher grobmehlige deutsche Frühstückskultur nicht kennt. Auch war dem Wien-Neuling aufgegangen, dass Gebäck zur Suppe nicht hieße, dass man nun Weihnachtsplätzchen zur Rinderbrühe essen solle, sondern dass Gebäck anders als zu Hause vornehmlich aus Semmerln, Weckerln und Stangerln besteht (ihre wahre Schmackhaftigkeit bekommen diese Dinge übrigens erst durch den Diminutiv, die neckische Verkleinerungsform, ohne die vieles den Wienern ungenießbar erscheint). Und doch eine neue, noch viel tiefere Verblüffung. Die Tür der Bäckerei war fest verriegelt und ein Schild verkündete: Urlaubssperre. Seltsam, wie ginge das zu, dass offenbar so viel zu tun wäre für das ehrenwerte Gewerbe, dass niemand, wirklich niemand in Urlaub gehen darf – und dennoch der Laden geschlossen ist? Wer je als Deutscher einen Juli oder August in Wien verlebt hat, lernt die Urlaubssperre dann doch als das genaue Gegenteil dessen kennen, was es zu Hause bedeutet, dass nämlich niemand mehr da ist, weil der ganze Laden wegen Urlaubs geschlossen, eben gesperrt ist.

Die Wiener sind freigiebige Leute. Sie geben und geben. Sie geben die Teller auf den Tisch, sie geben die Flasche in den Kühlschrank, sie geben den Wein ins Glas, sie geben den Braten ins Rohr, sie geben sogar die Butter aufs Brot, sie geben das Buch ins Regal, sie geben die

Zahnpasta auf die Zahnbürste und sie geben das Geld in die Kassa. Beobachtungen darüber und darüber hinaus wollen wir gegebenenfalls in dieses Büchlein hinein- und es dann herausgeben.

Kellerseelen

Jedes Wesen baut sich sein angemessenes Gehäuse. Das eigene Äußere, erst recht die Gestalt der Umgebung verrät viel über die darinnen wohnende Seele. Wien ist eine Stadt, die wie keine andere in der Welt der Seelenlage ihrer Bewohner gleicht, zumindest wenn man sein altes Zentrum zum Exempel nimmt. Da ist dieses Wechselspiel zwischen Palästen und der Betulichkeit biedermeierlicher Häuschen, zwischen pompösen Alleen und dem Gewirr der Gassen. Das Bedürfnis von großer Pose nach außen und von als Intimität getarntem Muff nach innen ist allerdings nichts spezifisch Wienerisches.

Um Wien auf den Grund zu kommen, muss man tiefer gehen, buchstäblich. Kaum eine Stadt der Welt verfügt über eine derartige Kellerlandschaft. So wie im Ersten Bezirk sich nach oben die Stockwerke türmen, sich schon in Zeiten vor dem Barock einiges an trutziger und prachtvoller Höhe etablierte, so ging diese Stadt auch in die Tiefe. In den Quartieren zwischen Stephansdom und dem Donaukanal etwa lassen sich die Schichtungen der Wiener Seele bis in den Untergrund verfolgen. Hier, wo als eines der ältesten Exemplare der Wiener Wohnkultur das so genannte Basiliskenhaus steht, offenbaren sich im Untergrund spiegelbildlich die Schichtungen der oberirdischen Welt. Man muss allerdings danach suchen.

Denn in Wien ist die Vielschichtigkeit von Gemüt und Stadt keineswegs jedermann gegenwärtig. Den ersten Keller, den »normalen«, wo die Räder abgestellt werden, wo man früher Kohlen und Kartoffeln lagerte, den kennt jeder. Dessen Atmosphäre ist heute zumeist durch Heizanlagen verdorben, das schöne Kellerklima, das nicht nur den Rüben, Kartoffeln und Zwiebeln so gut tat, sondern auch dem Wein, ist heute aufgeheizt, unnatürlich und befremdlich.

Den zweiten Keller, den kennt man noch, da wird mancherlei Gerümpel abgestellt, Dinge des täglichen Gebrauchs, ausrangierter Hausrat, die Möblierung verflossener Ästhetik und Gebrauchslagen. Hier herunter kommt man selten, allenfalls dann, wenn die Mitzi-Tant' nach Jahrzehnten doch noch anmahnt, dass der Messing-Blumenständer, den sie doch einmal zur Ausleihe gegeben habe, noch immer ausständig sei, und den wiederaufzufinden der Unterkeller letzte Hoffnung bietet.

Vom dritten Keller wissen die meisten noch.

Um den ranken sich Legenden. Meistens ist er verschlossen, entweder mit einem von Spinnweben verschleierten Gittertor, hinter dem es nichts weiter zu finden zu geben scheint. Eisentore, rohe Holzverschläge nehmen jede Lust, deren Hintergrund zu erkunden. Irgendwie vermutet man dort allenfalls finstre Zellen, wo der Putz von den feuchten Decken bröselt, und Unerfreuliches an sich, das auszuforschen weder lohnt noch angezeigt scheint. Wer nicht muss, wie ganz selten einmal in ein paar Jahren die Leute von der Kanalreinigung, die irgendeinen besonderen Einstieg in ein besonderes städtisches Tunnelsystem suchen, der hat dort nichts verloren.

Schon deshalb, weil es einem auch ein bisschen graust vor diesen Arealen, die unter den eigenen Füßen ein geheimnisvolles Dasein fristen, in deren Tiefen und dunklen Winkeln man besser nicht nachschauen sollte, könnten sich doch unerwartete Erkenntnisse auftun. Nicht, dass regelrecht irgendwelche vergessenen Relikte wie die sprichwörtliche Leiche im Keller zu Tage kämen, aber besser nicht daran rühren, das ist das Motto, das Wien schon seit Jahrhunderten zur prinzipiellen Maxime erhoben zu haben scheint. Überraschungen jedenfalls schätzt diese Stadt nicht, schon gar nicht solche, die man sich mutwillig zuzieht, die nicht schicksalhaft über sie hereinbrechen, sondern die man durch unangebrachte Aktivität außer der Reihe selbst zu verantworten hätte. Wer also das in den Angeln kreischende Tor zum dritten Keller wirklich öffnen will, der ist närrisch genug und selbst für allfällige unbequeme Entdeckungen verantwortlich.

Vom vierten, dem zumeist letzten Keller wissen die meisten Wiener nichts. Fast alle Häuser der Innenstadt haben ein solches und letztes Plateau, in dem der zu Staub zerfallene Geist der Jahrhunderte, in dem auch manchmal der Schutt der jüngeren, weniger erfreulichen Geschichte lagert: der Bombenschutt des letzten Weltkriegs, den man der Einfachheit halber beim Aufräumen einfach in den Untergrund schob.

Hier unten herrschen Dunkelheit und Verdrängung, hier nistet das Unterunterbewusstsein der Stadt, das sie im Letzten auch wieder zusammenhält. Denn als kommunizierende Maulwurfsröhren sind fast alle diese vierten Keller auf geheimnisvolle Weise miteinander verbunden, erlaubten es dem Wissenden, die ganze Stadt von unten zu durchkreuzen, auszuforschen, zu vereinigen in einer Art Kellergedächtnis von historischem Ausmaß. Angelegt hatte man dieses Stollennetzwerk als letzten Unterschlupf gegen allfällige Belagerer und Eroberer, als unerforschliches Widerstandsnetz etwa gegen die Türken, wäre es ihnen doch gelungen, die Habsburgische Hauptstadt einzunehmen. Heute ist es die letzte Ebene des Vergessens.

Man ist versucht, Wiens Kellerarchitektur für ein authentisches Abbild seiner Seele zu halten: ausgestattet mit Abgründen, von denen ebenfalls niemand etwas wissen will.

Die ewig schöne Leich

Leichen zu zerstückeln, gilt gemeinhin nicht als die vornehmste Art, mit Verstorbenen umzugehen. Außer in Wien. Da haben die Herrscher sich und ihre nächste Verwandtschaft ausweiden und über die Stadt, ja manchmal über das ganze alte, große Reich verteilen lassen: die sterbliche Hülle – buchstäblich – in die so viel bestaunte Kapuzinergruft, das Herz in die Augustinergruft, und auch der Stephansdom sollte sein Teil abbekommen, die Innereien nämlich, die man in Kupferkesseln in der Erzbischofsgruft deponierte. Als vor Jahren Zita, die letzte Kaiserin aus dem Hause Habsburg, hochbetagt in Helvetien starb, brachte man auch sie herzlos ins feudale Wiener Grab. Ihr Herz jedoch ließ man so wie das ihres Gemahls, des Kaisers Karl, auf ihren Wunsch in der Schweiz, wo sie lange Jahre ihres Lebensabends verbracht hatte. Fast nichts in Wien übt auf Besucher eine solche Anziehungskraft aus wie die Lagerstätten der hochmögenden Leichenteile.

Derartige Betrachtungen sind nicht so zynisch, wie es den Anschein haben mag, allenfalls etwas pietätlos. Solche Pietätlosigkeit ist aber unvermeidlich in einer Stadt, die sich im Grunde selbst als nichts anderes versteht als eine einzige funebre Zeremonie. Man muss gar nicht auf die Bosheiten des Georg Kreisler und seine zum Klischee gewordene Feststellung, »der Tod, der muss ein Wiener sein«, zurückgreifen, um das Selbstgefühl der Stadt als einer immer währenden, schönen Leich zu erspüren. Günther Nenning, einst Chefintellektueller im Land und Großfürst der Spottlust, heute eher ein populistischer Kerzlschlucker, wie man hier sagt, fasste diese Befindlichkeit als das wahre Geheimnis der Wiener zusammen: »Sie leben ewig, weil sie ewig sterben, das hält sie jung.« Kein Heurigenlied, in dem nicht gestorben würde. Wenn der Volksmund dem ungemein beliebten einstigen Bürgermeister Helmut Zilk nachsagte, er trage immer nur schwarze Anzüge, um auf überraschend anzuberaumenden Beerdigungen unverzüglich das Wort ergreifen zu können, dann war das kaum eine Übertreibung.

»A Kranzerl gefällig, a Herzerl, a Buketterl!« Vornehmlich in Zeiten um den 1. November herum von regem Leben auf Wiens Friedhöfen zu sprechen, wäre noch untertrieben: Im Getümmel um Allerheiligen und Allerseelen belagern die Grabgebinde-Tandler wie die Marketender eines riesigen Leichenzugs die Tore der Friedhöfe, vornehmlich des riesenhaften Zentralfriedhofs, wo sich die besten Geschäfte machen lassen. Die Stadt hat ein gleichsam doppeltes Allerseelen mit dem Staatsfeiertag am 26. Oktober, wo man schon einmal Anlauf nehmen kann für die großen Posen mit den armen Seelen. Wien ist wohl der einzige Ort der Welt, in dem so mancher große Sohn (von Töchtern ist nichts derartiges verbürgt) gleich mehrere Gräber hat. Als im 19. Jahrhundert der entgegen seinem Namen weit vor den südöstlichen Toren der Stadt gelegene Zentralfriedhof eingerichtet wurde, mochten ihn die Leute nicht. Im Vorort Simmering, hinter dem man ihn angelegt hatte, beklagte man sich über höllische Verkehrsbelastungen und die Umweltverschmutzung, als plötzlich die Fuhrwerke der städtischen Bestattung tagein tagaus zu Dutzenden durch die Hauptstraße karrten und deren hundertdreißig Rösser reichlich Pferdeäpfel ausstreuten. Den Städtern war es zu weit, zu unbequem, zu unromantisch. Um dem Ort die nötige Weihe und Akzeptanz zu verleihen, stahl man gleichsam hochoffiziell den anderen Friedhöfen die Prominenz: Schubert, Beethoven, Gluck, Nestroy und viele andere wurden eilends umgebettet.

In dem für die Großen von damals geschaffenen Hain der Ehrengräber stöbern heute Bildungsbeflissene aus aller Welt nach ihren Lieblingen, die man zumeist unter einer originalgetreuen Kopie des ursprünglichen Grabmals bestattet hat, und wo die Großen oder Glänzenden dieser Tage – etwa Bruno Kreisky oder Marcel Prawy – begraben werden. Die originalen Grabsteine sind heute Denkmäler und in mancher Parkanlage der letzte Hinweis auf einen einstigen Gottesacker. Allein das pompöse Mozart-Monument auf dem Zentralfriedhof deckt kein Grab, dafür steht ungeniert »Mozarts letzte Ruhestätte« darauf, während auf dem bescheidenen, rührenden Grabmal auf dem so bezaubernd idyllischen Sankt Marxer Friedhof, wo der Genius wirklich ruht, schlicht »Mozarts Grab« geschrieben steht. Die Ehrengräber, die monumentalen Bauten, die kolossale Kirche (die noch immer stolz den Namen Karl Luegers trägt, des weitaus größten Antisemiten unter Wiens Bürgermeistern, von dem auch Adolf Hitler Wesentliches vom tödlichen Hass auf diese seine Mitmenschen erlernte), all das hat den Zentralfriedhof zum Symbol der grandiosen Äußerlichkeit gemacht, mit der die Stadt dem Tod begegnet – und zum Objekt des Spotts. Man lauscht hingerissen dem Wolfgang Ambros, der in seinem Rock-Cantus ausruft: »Es lebe der Zentralfriedhof und alle seine Toten!« Und erzählt sich Witze wie etwa den, was der Unterschied zwischen Zürich und dem Zentralfriedhof sei: Letzterer sei zwar nur halb so groß wie Zürich, aber doppelt so lustig.

Lustig wird es wirklich, wenn etwa der einstige Bundeskanzler Franz Vranitzky bei der Beisetzung seines großen Vorgängers Kreisky am noch offenen Grabe etwas geniert die Brieftasche zückt, um einen großen Schein herauszufischen und dem Chef der Pompfineberer, der Friedhofsbediensteten, zuzustecken. Die Sitte hält sich hartnäckig. Denn diese Herren im Grau und Schwarz ihrer merkwürdigen, postmodernen Gala (bei Beerdigungen der Sonderklasse geht man in Violett) sind in zwingender Weise trinkgeldberechtigt, wie alle Mitglieder des Wiener Dienstleistungswesens. Dem Fremden wandelt sich das Unbehagen über die Backschisch-Sitten auf Wiens Friedhöfen bald in helle Verzweiflung, beherrscht er doch den dazu lebenswichtigen Kunstgriff nicht. Da ist nicht, wie bei sonstigen Leichenbegängnissen gewohnt, jenes langstielige Schäufelchen, mit dem Verwandte und Freunde am Ende dem Verblichenen etwas Erde in die Grube nachwerfen. In Wien bedarf es eines artistischen Kniffs: Der oberste Pompfineberer reicht einem jeden ein winziges, kurzstieliges, bereits mit Erde wohl behäuftes Schäufelchen, das er jedoch erst aus seinem festen Griff freigibt, wenn der Empfänger vorher in eben dieselbe Hand flugs seinen Obolus gefingert hat. Der volkstümliche Name dieser einvernehmenden Herren ist übrigens eine Verballhornung von »pompes funèbres«, der alten französischen Bezeichnung für die Zunft.

Die funebre Wollust dieser Stadt birgt natürlich auch ihre spezielle Tücke. Berge von Kränzen, Gebinden und Sträußen häuft man in einer Schwere auf die Gräber, als wolle man sagen: Steh du ja nie wieder auf, wir werden es mit dieser tonnenschweren Ehrerbietung zu verhindern wissen. Da will man schon sichergehen. Der gegenteilige Brauch früherer Zeiten wäre heute geziemlich unerwünscht, als man nämlich so genannte Rettungswecker installierte, die sicherstellen sollten, dass wiedererwachte Scheintote sofort wahrgenommen und gerettet würden. Oder jener Vorschlag, den der große Reformer Kaiser Joseph II. für das Bestattungswesen gemacht hatte: Er befahl, einen wiederverwendbaren Volkssarg zu konstruieren, eine schlichte Kiste, deren Boden sich automatisch öffnete und die Leiche nach unten herausrutschen ließ, zog man nach einer Beerdigungen den Sarg wieder hoch. Der Herrscher wollte so der

Prunksucht und seiner Ansicht nach unnützen Geldverschwendung bei der Leichenentsorgung vorbeugen. Wie so viele seiner weisen Reformvorschläge scheiterte auch dieser.

Was für ein gleichsam josephinischer Kontrast zur leichenbitterlichen Putzsucht, als man 1989 Thomas Bernhard, den genialen Demaskierer Wiens, zu Grabe trug: Er wollte eben kein obskures Objekt todessüchtiger Begierden sein, ließ seinen Tod erst kundmachen, als er schon unter der Erde des Grinzinger Friedhofs lag, in einem Grab zunächst ohne Namen, neben seinem »Lebensmenschen«, wie er seine mütterliche Freundin immer genannt hatte. Welche Rache an den Wienern, ihnen das Schauspiel zu verweigern, wie ihre – wenn auch gehasste – Prominenz in Putz und Pomp in die Grube fährt! Bis heute liegen immer ein paar frische Blumen, ein kleiner Gruß, irgendetwas Freundliches auf der bescheidenen Stätte.

Gleich nebenan hat man damals auch einen Eisenbahndirektor eingegraben, dessen Kränze zu einer Art babylonischem Turmbau aufgehäuft waren. Welch wuchtige Absage an die stille Ehrerbietung mancher Bernhard-Grab-Besucher. Als etwa der Münchner Dichter Wolf Wondratschek sich von einer Bekannten zu Bernhards Grab führen lässt und – ohne bewusste Gabe erschienen – schließlich still dem Dichterkollegen einen Bleistift aufs Grab legt mit der Bemerkung, das sei noch einer von denen mit Metallhülse für die Spitze, die heute so rar würden.

Letztlich ist so ein kleiner Vorortfriedhof den Wienern auch derzeit lieber als der Zentralfriedhof, und manche Familie gibt Unsummen aus, um den Ihren die letzte Ruhe mit Donaublick zu sichern, gar noch im Weingarten. Wien lebt, ja, atmet mit seinen 52 Begräbnisstätten, deren grüne, baumbestandene Gesamtfläche von fünf Quadratkilometern die stolze, steinerne Stadt wirkungsvoll belüftet.

Der beständige Wind, den Wiens lieber im Muff vermeintlicher Gemütlichkeit hausende Bewohner so fürchten, verschlägt oft auch den Sängern bei den Leichenbegängnissen die Stimme. Hier treten alte, feudale Hierarchien zu Tage. Denn jene, die mit künstlichem, sorgfältig eingeübtem Schauersang die Leiche begleiten, kommen aus den Chören von Staats- und Volksoper. Die vom Staatsopernchor dürfen die lukrativen Kadaver am bequemen Nachmittag besingen, die vom Volksopernchor nur den mageren Rest. Selbst im Tode wird dieser Standesunterschied penibel gewahrt, denn die Wiener Städtische Bestattung hat eigens für die Ensemblemitglieder des Burgtheaters und der Staatsoper ein festlich schwarz-goldenes »Bahrtuch«, das über den Sarg gebreitet wird; die Leute von Volksoper oder Volkstheater fahren unbedeckt dahin. Die Sucht nach Putz und Pomp entstammt dem 19. Jahrhundert, als in Anlehnung an das bei Hofe herrschende spanische Zeremoniell manche Bürger mit mehr Pracht und Herrlichkeit in die Grube fuhren als zu Lebzeiten zum Hofball. Wo eine schöne Leich fast so wichtig scheint wie das halbe Leben vorher, überdauert die Klassengesellschaft auch den Tod.

Und der Blick hinter die Reihen der prachtvollen Grabmonumente? Jenseits dieser so peinlich gepflegten Areale tun sich öde Wüsten auf. Krumm und schief die Kreuze, verrostete Namensgestelle. Kein Weg geharkt, kein Steg gejätet, Unkraut wuchert, Gestrüpp. Hier liegen die Nichtswürdigen, die Armen. Kinder sind das oft, Fremde, aber auch offensichtlich erst jüngst verstorbene Einheimische. Diese Schachtgräber, wie der Fachmann sagt, werden nach zehn Jahren wieder aufgelassen und sind die einfachste Art, aus Staub gemacht zum Staub zurückzukehren. Obwohl oft mit linkischer Liebe geschmückt, sind sie der Friedhofsverwaltung offensichtlich nicht einmal den Rasenmäher wert, mit dem der gelbe Grasfilz rundum regelmäßig gekürzt werden müsste.

Auf einem armseligen Kreuzchen, aus zwei dünnen Leisten zusammengenagelt, ist ein Resopaltäfelchen befestigt, auf dem das Wörtchen »Glück« geschrieben steht, weiter nichts. Man glaubt, das Glück dieses Wesens unter dem Rasen zu ahnen, einer Existenz entronnen zu sein, die so erbärmlich gewesen sein muss, dass diese Hauptstadt des Todes ihr nicht einmal ein würdiges Fleckchen nach ihrem Erlöschen gönnt. Hat man nicht sogar den Selbstmördern, den Wasserleichen, den unbekannt Verstorbenen im verschwiegenen Friedhof der Namenlosen weiter unten an der Donau ein beinahe gemütliches, würdiges Plätzchen bereitet?

Früher gab es in der Städtischen Bestattung gar zwei angestellte Herren, deren Beruf es war, die Trauergemeinde der Einsamen zu bilden, hinter Toten herzuschreiten, für die sich niemand mehr interessierte. Wien ist ja nicht nur nekrophile Metropole, es ist auch die Welthauptstadt des Endes vor dem Tod: der Einsamkeit. Hier setzen viel mehr Menschen ihrem Leben selbst ein Ende als anderswo. Eine zugereiste junge Deutsche schilderte ihrem Freund brieflich ihre Gefühle so: »In Wien lebt man in der Gewissheit, eines Tages von einem der zahlreichen herabstürzenden Selbstmörder erschlagen zu werden.«

Und der Tod zieht doch das Leben an, auf dem Zentralfriedhof wenigstens. Weniger die säuberlich stilisierten Buchshecken, weniger die zu Totenmonumenten getrimmten Lebensbäume, weniger die hartblättrigen Pflanzenornamente auf den feierlichen Gruften – eher die Brachen in den Arealen der Armen, das dichte Gestrüpp um den jüdischen Teil des Friedhofs, die Felder, die freigehalten werden für alle jene, deren Ende noch bevorsteht. Das ist Raum für allerhand Getier, für Unmengen von Niederwild, für Kaninchen, Hasen, Rebhühner und Fasane, für manches Reh sogar. Der Dachs gräbt sich seine Höhle, der Fuchs schnürt durchs Gehölz. Im Spätwinter dann bläst man zur Jagd: Eine verschworene Gemeinde schultert Schrotgewehr und Bocksflinte und lauert aufs Geziefer, das sich über das Jahr hier angesiedelt, vermehrt und offenbar recht gut ernährt hat, scheucht es mit der Drückjagd rücksichtslos aus dem Unterholz und knallt es ab. Die Strecke ist beträchtlich, geht nicht selten in die Hunderte. Angst vor Verbiss am Grabschmuck? Die Gruft ist eben doch des Wieners Allerheiligstes.

Ein Heim fürs Jenseits

Ihren Anfang hatte die Sache auf unverdächtige Weise genommen. Wilhelm W. hatte von der zuständigen Behörde ein Schreiben erhalten, mit dem ihm in gewundener Amtssprache davon Mitteilung gemacht wurde, die Gruft seiner Familie auf dem Ottakringer Friedhof drohe einzustürzen. Wiens Friedhöfe gefallen sich als Areale einiger Pracht. Dennoch lassen sie oberirdisch kaum ahnen, dass es sich unter den Monumenten, Kandelabern und Koniferen um festgefügte Nekropolen handelt: Jede Familie, die auf sich hält, hat schon vor Generationen eine wohl gemauerte Gruft zur Pacht erworben, in der ihre Mitglieder nach dem seligen Hinscheiden zur ewigen Ruhe gebettet werden. Erdgräber sind verpönt. Mit solch kärglicher Ruhestatt fürs Ewigleben mag sich begnügen, wer will, vielleicht ein exaltierter Mensch, vielleicht ein armer Teufel, dem für sich und die Seinen schon das Hemd der Lebenden zu kurz war, für den dann ein gemauertes Gehäuse für das Jenseits schon gar nicht erschwinglich wäre. So ziehen sie von ihren festen Bürgerhäusern in der Stadt auch dann in feste Häuser, in hochgewölbte Stätten, wenn es heißt, dem oberirdischen Dasein Adieu zu sagen. Der lebendige Teil der Familie, die eine solche Grabstätte auf Generationen nutzt, ist für deren Verfassung, insbesondere für deren Bauzustand und Festigkeit verantwortlich.

Dessentwegen hatte es also seine gute Ordnung, dass der Herr Wilhelm aus Ottakring die Aufforderung bekam, auf sein Grab zu schauen. Tatsächlich ergab der Augenschein eine große Beule in der linken Wand des geräumigen, in massivem Ziegel ausgeführten Gehäuses, die Mauer war offensichtlich im Begriff einzubrechen. Untersuchungen ergaben, dass dies keineswegs auf einen Zerfallsprozess des Gemäuers selbst zurückzuführen sei. Es handelte sich um einen durchaus natürlichen Einfluss, der die Statik der Gruft aus der Ordnung drückte, freilich hatte das nichts mit der Natur des Bauwerkes selbst oder gar mit den Verfallsprozessen im Inneren seines Hohlraumes zu tun. Knapp neben dem Grab erhob sich hingegen eine gewaltige Birke. Diese Birke hatte, ihrer enormen Höhe gemäß, beträchtliches an Wurzelwerk entwickelt, das die Grabstätte nun einzudrücken drohte. Herr Wilhelm gab den Befund der Behörde kund und begehrte Auskunft, wie mit dem Fall zu verfahren sei.

Unverzüglich erhielt Herr Wilhelm Auskunft: Seine Angaben seien offensichtlich falsch, neben dem beschriebenen Grab stehe kein großer Baum. Der Betroffene gab abermals ein, das Wurzelwerk einer riesenhaften Birke bedrohe die Stätte seiner künftigen ewigen Ruhe, er wolle Auskunft, wie zu verhindern sei, dass deren Vitalität nach kurzer Zeit dem Mauerwerk die Statik raube. Die Behörde beschied den Bittsteller, nach allen vorhandenen Unterlagen sei vor Jahren an eben dieser Stelle eine Zwergbirke gepflanzt worden. Folglich sei das mit dem großen Baum ein Märchen. Herrn Wilhelm gelang es, einen Bediensteten der Behörde herbeizuzitieren, der tatsächlich den Befund bestätigte, dass an Ort und Stelle ein großer, sehr großer Baum vorzufinden sei. Nach bedeutungsschwerem Schweigen bestätigte die Behörde unter Vorbehalt den Sachverhalt, für den sie keineswegs die Verantwortung übernehmen könne, denn man habe ordnungsgemäß eine Zwergbirke pflanzen lassen. Im Übrigen sei keineswegs erwiesen, dass es sich bei dem Baum, der da das unterirdische Gebäude beeinträchtige, um eben jenen handle, den man amtlich habe einsetzen lassen.

Der verblüffte Grabeigner wurde außerdem noch darüber belehrt, dass es verboten sei, auf Wiens Friedhöfen große Bäume zu pflanzen. Es dürfe allenfalls Buschwerk oder eben die Zwergvariante bestimmter Hochgewächse gepflanzt werden, weil neue große Bäume die Friedhofsordnung empfindlich störten. Aus der Tatsache, dass die Birke, trotz ihrer zugegebenermaßen beträchtlichen Größe, höchstens fünfundzwanzig oder dreißig Jahre alt sein könne, zu einer Zeit also eingesetzt worden sei, als die zitierte Verordnung über die kleinwüchsige Bepflanzung von Wiens Friedhöfen längst in Kraft gewesen sein müsse, ergebe sich, dass von Amts wegen jede Verantwortung zurückzuweisen und die Existenz einer riesigen Birke grundsätzlich zu verneinen sei, da man ausschließen müsse, dass städtische Bedienstete gegen so gewichtige Verordnungen verstoßen könnten.

Herr Wilhelm, etwas entnervt, war nun aber letztlich über diese Dialektik keineswegs unglücklich: Ihm schien darin sogar die Möglichkeit einer gütlichen Einigung zu schlummern, denn wenn da eine große Birke steht, wo nur eine ganz kleine stehen darf, dann wäre doch nicht die schlechteste Logik, wenn die Friedhofsgärtnerei, oder wer immer dafür zuständig wäre, den großen Baum entfernen ließe. Denn der Baum müsse dann schon der Ordnung halber weg, wie jeder rechte Wiener Bürger einsehe. Weg müsse der Baum aber auch des Grabes wegen, so hatte nicht nur ein Statiker befunden, der die künftige Standfestigkeit der Gruft zu begutachten hatte, sondern auch ein in Forstdingen bewanderter Gärtner, der es seinerseits als unausweichlich ansah, dass sich die Fundamente sowohl des Baumes als auch der Gruft hinkünftig wieder ins Gehege kommen würden. Damit könnte also der irdische Friede gerettet und die gottgewollte Friedhofsordnung wiederhergestellt werden, indem der großer Baum verschwände, der ja eigentlich ein kleiner hätte sein sollen und der entgegen der göttlichen sowie irdischen Verwaltungsordnung sich zu einer himmelwärts strebenden Pflanze entwickelt hatte, die sich überdies ungebührlich tief im Grunde festzukrallen beliebte.

Also bat Herr Wilhelm die Friedhofsverwaltung, den großen Baum zu entfernen, da dieser hier ja ohnehin nichts verloren habe. Die zuständige Behörde beschied dem Ansuchenden hingegen, sie sehe keine Veranlassung, einen großen Baum zu entfernen, den es amtlich gar nicht gebe, dessen Existenz gleichsam außerhalb jedweder irdischen Zertifikation liege und deshalb auch nicht Objekt einer offiziellen Amtshandlung sein könne. Es komme schon gar nicht in Frage, dass man für eine Amtshandlung, die mangels eines in der Verantwortung der Behörde liegenden Objektes als solche weder angezeigt noch notwendig sei, auch noch die Kosten übernehme. Dem Ansuchen des Herrn Wilhelm entnehme man nämlich, dass die Behörde auf dem Ottakringer Friedhof einen Zustand auf eigene Kosten beseitigen lassen solle, den sie weder veranlasst habe, noch verantworte, denn man habe ja eine Zwergpflanze gesetzt.

Zerknirscht entschloss sich Herr Wilhelm, wenigstens für die nächsten Jahrzehnte der ewigen Ruhe seiner Angehörigen und dereinst vielleicht auch seiner eigenen eine ungestörte Stätte zu verschaffen und selbst die Beseitigung des großen Baumes samt Wurzelwerk zu veranlassen, ja sogar finanziell dafür aufzukommen. Er hoffte, wenn schon auf keinen finanziellen Beitrag, so doch auf eine amtsoffizielle Belobigung. Im Eilverfahren kam die Antwort: Herr Wilhelm dürfe auf keinen Fall Hand an die Birke legen, denn die Wiener Grünverordnung verbiete es ausdrücklich, im Stadtgebiet hoch gewachsene Bäume zu fällen. Derlei gelte amtlich als Naturfrevel.

Der Verzweiflung nahe gab der Bittsteller der Behörde zu bedenken, diese selbst habe ihn darüber belehrt, dass es diese Birke in ihrem tatsächlichen Ausmaß gar nicht gebe, ja, nicht geben dürfe und könne, weil sie so von Amts wegen weder geplant noch veranlasst worden sei. Dies sei schon richtig, kam es zurück, richtig sei aber auch, dass im Wiener Baumkataster diese Birke sehr wohl in ihrer tatsächlichen Größe verzeichnet und somit geschützt sei, wobei als unerheblich gelten dürfe, was die Wiener Friedhofsordnung über die Größe von zu pflanzenden Gewächsen aussage, da der Wiener Baumkataster die meisten Bäume in Österreichs Hauptstadt unabhängig von behördlichen Absichten und Vorgaben als real existierend ausweise, gleichsam einfach der Natur nach. Zu bedenken sei außerdem, dass der überwältigende Anteil der im Baumkataster verzeichneten Bäume wesentlich älter sei als der Baumkataster selbst und auch die neueste Fassung der Friedhofsordnung.

In seinem Grimm studierte Herr Wilhelm alles, was mit Bäumen in der Stadt zusammenhängen könnte, und entdeckte dabei, dass es sehr wohl Ausnahmegenehmigungen gebe, um ein solches Gewächs eines berechtigten Anliegens wegen entfernen zu lassen. Die Behörde gestand dies nach einigem Zögern zu, räumte auch ein, dass, sollte Herr Wilhelm wirklich alle Kosten und Unannehmlichkeiten dieses Baummordes auf sich nehmen, eine solche Ausnahmegenehmigung theoretisch denkbar wäre. Dies betreffe allein das Prinzip. Die Baumverordnung schreibe ferner ausdrücklich vor, dass die Entfernung eines Baumes auf Wiener Grund keineswegs nur durch ein allfälliges Bußgeld zu sühnen oder abzugelten sei. Sie lege fest, dass in einem angemessenen, behördlich präzise umrissenen Umkreis ein Ersatzbaum gleicher Art und voraussichtlich dereinst gleicher Größe gepflanzt werden müsse. Dies selbstverständlich auf Kosten des Petenten.

Soll sein, soll sein! Herr Wilhelm war zu allem bereit. Diese Ankündigung wiederum wurde von der Behörde mit einigem Ernst, um nicht zu sagen, in verhaltener Empörung zurückgewiesen. Man habe ihm dargelegt, dass diese ersatzweise Pflanztätigkeit in einem eindeutig umrissenen Umkreis zu geschehen habe. Seine Grabstätte liege inmitten des Ottakringer Friedhofs. Der Umkreis, in dem ein Ersatz für die Birke zu pflanzen wäre, erreiche in keiner Richtung die Außengrenzen des Friedhofes. Man habe schon zu Beginn der komplizierten Amtshandlung kundgetan, dass das Anpflanzen großer Bäume auf dem Friedhof selbst jedoch ausdrücklich verboten sei. Herr Wilhelm möge es also tunlichst vermeiden, die Behörde etwa gar zu ungesetzlichem Tun zu verleiten.

In tiefer Verzweiflung suchte Herr Wilhelm nun den Spieß umzudrehen: Es handle sich, wie von der Verwaltung ja schon eingangs eindringlich klar gemacht, keineswegs um eine große, sondern um eine Zwerggattung von Birke, was laut Grünverordnung keine Ersatzpflanzung erfordere, weshalb man doch um des ewigen Friedens seiner Sippe wegen den Baum und die Sache aus der Welt schaffen solle. Das Amt hingegen berief sich nun seinerseits auf die Eindringlichkeit, mit der der Petent entgegen allen amtsbekannten Voraussetzungen Existenzgröße und Gestalt einer gewaltigen Birke nachgewiesen habe, was nun plötzlich seinerseits zu leugnen den Verdacht nahe lege, der Herr Wilhelm hege die Absicht, die Behörde »zu pflanzen«, was Wiener sagen, wenn sie »an der Nase herumführen« meinen.

Ob die Sache je einem amtlich genehmen Ergebnis zuzuführen sein würde, war bei Abfassen dieses Berichtes noch nicht abzusehen.

Grüße von Gott

Der liebe Gott ist durchaus nicht allen gleich lieb. Auch wenn etwa die »Preußen«, zu denen aus der Sicht der Bayern so gut wie alle Norddeutschen zählen, ein herzhaftes »Grüß Gott« als folkloristischen Ausdruck ihrer südländischen Landsleute begreifen, kämen sie nie auf die Idee, solche Grüße selbst auszubringen. Tatsächlich hat das »Grüß Gott« im deutschen Süden so gut wie nie mit echter Weltanschauung oder gar Frömmigkeit zu tun, einmal von den Aktivisten des Freidenkerverbandes abgesehen, für die das »Grüß Gott« vom Teufel persönlich kommt. »Piefkes« oder »Piefkineser«, aus der Sicht der Wiener also Deutsche generell und Norddeutsche im Speziellen, wollen trotz oder gerade wegen ihres oft kantigen Auftretens gerne geliebt sein oder wenigstens akzeptiert, und so neigen sie ausgerechnet in Wien gelegentlich zur unschicklichen Überanpassung: Scheint ihnen besondere Höflichkeit oder gar eine gewisse Unterwürfigkeit am Platze – manchmal kann es auch ein Quäntchen abfälliger Ironie sein – ringen sie sich dann doch ein hölzernes »Grüß

Gott« ab, wenn ein linkisches »Servus« seine Wirkung verfehlt hat.

In Bayern wäre derlei nicht weiter von Belang. In Wien aber ist das ziemlich fehl am Platze, dokumentiert es doch drastisch, dass »Piefkineser« wirklich nichts von südöstlichen Befindlichkeiten verstehen. Das kann nämlich, unbemerkt vom ranschmeißerischen Herumgrüßer, zu ideologischen Irritationen führen. Bewohner Wiens könnten sich niemals vorstellen, dass »Grüß Gott« nur ein »Guten Tag« oder sonst was ersetzt, hier ist das ein Bekenntnis, manchmal nachgerade die Fixierung eines weltanschaulich-politischen Standortes. Hierorts ist es unvorstellbar, dass in Bayern nicht nur den Christsozialen – denen sowieso –, sondern auch Kommunisten, ja sogar ausgewiesenen Agnostikern, sollte man derer irgendwie habhaft werden, ein hurtiges »Grüß Gott« über die Lippen geht.

Es mag andere Gemarkungen Österreichs geben, wo das ähnlich der Brauch zu sein scheint. In Wien jedoch bedeutet dieser Gruß eine klare Positionsbestimmung, oft eine Abgrenzung, manchmal sogar eine Drohung, etwa dann, wenn er von jemandem dargeboten wird, der sich überdies in den von grünem Loden paspelierten Spielarten pseudotrachtlerischer Gewandung dartut. Das ist also ein durch und durch »schwarzer« Gruß. Ein »Roter«, ein Sozialdemokrat, Sozialist, Kommunist, aber auch ein um gewisse weltanschauliche Neutralität und Äquidistanz bemühter bürgerlicher Mensch käme hier niemals leichthin auf »Grüß Gott«.

Das zum Beispiel im Süden Deutschlands wiederum für typisch norddeutsch gehaltene »Guten Tag« ist in Wien wohl die gebräuchlichste aller Grußformen. Aber wenn es denn schon eine christsoziale Nomenklatur des Umgangs geben soll, so gibt es natürlich auch die anderer Weltanschauung. »Begrüße Sie« hat sich in der formelhaften Lebensordnung dieser Stadt als die markanteste »rote« Grußform herausgebildet. »Ich grüße Sie« ist auch noch eindeutig in den Selbsterklärungsmustern eines sozialliberalen Lebensgefühls anzusiedeln. Kenner glauben dabei auch noch Unterschiede klein- oder bildungsbürgerlicher Natur zu entdecken.

Das Lebensgefühl weiter Teile der Wiener Gesellschaft ist allerdings irgendwo im Teigtrog für die allgegenwärtigen Mehlspeisen angesiedelt: in der Morbidezza und den etwas klebrigen Affinitäten dieser Habererwelt (für Piefkineser: Haberer sind Freunderl), deren süßliche Verbindlichkeit auch etwas gefährlich Umschlingendes haben kann. Da geht es um Verbindlichkeiten, die sich niemals präzise definieren ließen, ja, die gezielt offen bleiben sollen in Definition und Nähe der handelnden Personen. Im heute alltäglichsten Gruß der Wiener, zumindest sich untereinander irgendwie vertraut wähnender, hat sich diese seltsame Zwischenlage phonetisch materialisiert: In einem Abschiedsgruß für fast jede Gelegenheit, den aufzuschreiben nahezu unmöglich erscheint in seiner seltsam elastischen Konsistenz. Gesprochen wird er etwa so: »Babbaaa«, wobei völlig unklar bleibt, welcher Laut, das harte P oder das weiche B, bestimmend sein soll, zumal Wiener grundsätzlich vermeiden, harte und weiche Konsonanten zu unterscheiden, und wenn sie es tun, tun sie das rätselhafterweise immer gegenteilig zum deutschen Sprachgebrauch und erst recht zur Rechtschreibung. Ebenso rätselhaft scheint sein phonetischer Ursprung. Ob es sich um eine verballhorntes Bye-bye handelt, das der wedelnden Wiener Bussibussi-Gesellschaft am ehesten entspräche?

»Babbaaa!« Das kann man anzüglich kollern, das kann man grob böllern, das kann man sogar zärtlich hintupfen. Meist aber klingt es wie das verhaltene Bellen eines zahnlosen Hundes, der sich nicht entschließen kann, ob er schmeicheln oder wüten soll, weil er noch mit der alten Brezen im Maul beschäftigt ist, mit der man ihn zu füttern pflegt.

Die ganz großen grußweisen Unterwerfungsgesten kommen dabei zum Glück völlig aus der Mode, etwa das fettig charmierende »Servus-GrüßGottKüssDieHände«, wie es mancher Dame noch in so manchem Salon über den Handrücken geölt wird. Da lobt man sich die postmoderne Kaugummi-Grußblase: Babbaaa!!!

Meine Verehrung!

Eine Frau Magistra, Kabinettschefin eines Bundesministers der Republik Österreich, verdankt ihr Amt größtem Respekt: Sie sei eine der qualifiziertesten Juristinnen Österreichs, sagt der Minister, wofür ja schon ihre hohe akademische Ausbildung spreche. Ein paar echte Volljuristen aus dem Lehrkörper der Universität, wo diese Magistra vorgeblich ihre so genannte Sponsion erfahren hatte, verfolgen interessiert in Fernsehübertragungen aus dem Parlament zu Wien das Lob der akademischen Würden, die auch als Begründung für eine überproportionale Honorierung dienen – und machen kund, die so Belobigte habe weder ihre juristischen Examina ordnungsgemäß abgeschlossen noch den Titel einer Magistra erworben. Österreich hat einen Skandal ganz nach seinem Geschmack.

Denn die falsche Magistra, als die sich die vorgeblich überragende Juristin letztlich entpuppte, rührt an eine Identitätsfrage der Nation: Keine andere Gesellschaft sonst in Europa wird so sehr vom Schall und Rauch papierener Würden zusammengehalten. Das ist ein komplizierter Kosmos aus gespreizten Ansprüchen, der mit der wahren akademischen Leistung oder höheren Verdiensten an Staat und Gesellschaft oftmals wenig zu tun hat. Was ist der Mensch ohne Titel?

Manche haben sich durch diese elementare Frage zur reinen Anarchie hinreißen lassen, sehen sich zu wunderbaren ironischen Widerstandsleistungen herausgefordert, ohne sich dem System direkt zu verweigern. Udo Proksch, als bravouröser Spinner und hochkrimineller Gangster einer der legendären Gesellschaftslieblinge Wiens – er ist im Gefängnis gestorben –, wollte in besseren Zeiten seinen Sohn gleich mit dem Vornamen »Doktor« benannt wissen, um ihn so aller Titelsorgen zu entheben, zumal christliche Vornamen eh keine Verwendung fänden bei all dem »Herr Doktor« und »Herr Magister«. Die Bürokratie reagierte beleidigt. Auch der indessen tote große österreichische Dichter H. C. Artmann ist im Alter der Verleihung des Ehrentitels »Professor« nicht entkommen, den er dann höhnisch auf Visitenkarten mit dem Schriftzug »Prof. h. c. H. C. Artmann« herumzeigte.

Fremden enträtselt sich so, warum auf österreichischen Briefköpfen immer das umständliche »Univ. Prof.« prangt. Das sind die »echten« Professoren, also jene, die der Lehre und Forschung obliegen und sich den Titel erarbeitet haben. Die setzen sich damit auch von den niederen Rängen des Lehramts ab, wird doch noch jeder Studienrat wie selbstverständlich als »Herr Professor« angesprochen. Groteskerweise verlangt man aber für jeden im wachsenden Heer der Ehrenprofessoren Gutachten »echter« Professoren, dass die zu Ehrenden auch wirklich etwas auf ihrem Gebiet geleistet hätten. Eine fast satirische Lektüre sind diese Expertisen, die dem Bundespräsidenten vorzulegen sind, der den »Professor« verleiht. Und manchmal kommt es auch vor, dass sich ein »echter« weigert, trotz stattlichen Honorars einem allzu falschen Professor wissenschaftliche Sonderleistungen zu bescheinigen.

Magister ist der unterste vollakademische Grad und kommt dem Fremden vor wie der häufigste Vorname beiderlei Geschlechts, der die wirklichen Taufnamen völlig verdrängt hat. Den Doktor bekam man noch bis vor kurzem in manchen Disziplinen ohne spezielle wissenschaftliche Arbeit durch die Beendigung der Staatsexamen nachgeworfen. Den »Herrn Magister, Herrn Doktor« in der Anrede wegzulassen, wäre verwerflich, ja beleidigend. Aus Vorsicht greifen viele Leute gerne zu hoch. Aus dem Magister wird so im wirklichen Leben schnell ein Doktor, aus einem Doktor ein Professor, um ja nichts falsch zu machen. Jemanden – wenn auch aus Versehen – unter Titel anzureden, gilt als schroffe Kränkung. Briefe an Korrespondenten sind systemgemäß an den »Herrn Chefredakteur« adressiert. In einer TV-Runde witzelte ein Soziologe anlässlich des Falles der Ministerhelferin, wer im Kaffeehaus eine bessere Zeitung zur Hand nehme, sei von Hause aus schon Magister, wer auch nur fünf Minuten darin lese, längst Doktor. Natürlich gebührt einem Vizepräsidenten selbstverständlich das höherwertige »Herr Präsident« und einem Stellvertreter immer der ungeschmälerte Titel dessen, den er vertritt.

Es stecken tiefe höfische Reflexe in der Titelsucht: Gesellschaftliche Attribute allein vermochten Nähe zu den alten feudalen Potentaten zu schaffen, was erst recht für Adels- und Diplomatenprädikate galt und gilt. Einmal Minister, immer Minister, einmal Botschafter, immer Botschafter, ist auch heute Wiener Prinzip. Da gleicht sich aus, dass Österreich nach dem Untergang Habsburgs alle Adelstitel und verwandte Attribute verboten hat, was bis heute Gültigkeit hat. Einem Fürsten Schwarzenberg kann das egal sein, von dem weiß jeder, wie furchtbar adelig er ist. Aber bei anderen, weniger in ihrer Würde erkenntlichen Familien? Da lässt man sich Visitenkarten mit zum Beispiel »Hinz von Kunz« drucken, wobei das »von« verschämt mit Bleistift ausgestrichen wird. So weiß jeder Bescheid, aber man macht sich nicht wegen verbotenen Führens von Adelsprädikaten strafbar. Auch Träger bürgerlicher Doppelnamen sehen sich oft mit schmieriger Devotion konfrontiert, vermutet man hinter solchen Häufungen doch immer zunächst einen prestigeträchtigen Stammbaum.

Staats- und Regierungsräte tummeln sich, den Titelkreationen Österreichs könnte man ein voluminöses Lexikon widmen. Und der legendäre Hofrat, von dem es ein knappes Jahrhundert nach dem Untergang des »Hofes« noch gleich drei Varianten gibt? Da ist der Hofrat ehrenhalber, dann der Wirkliche Hofrat, eine real existierende Amtsbezeichnung, und der Vortragende Hofrat, der – schon seit mehr als dreihundert Jahren in Gebrauch – vielleicht einmal im Leben zu den kaiserlichen Hoheiten Zutritt bekam. Der Volksmund macht sich seinen eigenen Reim darauf. Die entscheidende Frage lautet: Was tut ein Hofrat? Die Antwort: nichts. Was aber tut ein Wirklicher Hofrat? Wirklich nichts.

Ein Diskutant, selbst behängt mit feudalen und diplomatischen Würden sonder Zahl, eröffnete einmal im Fernsehen einen bezeichnenden Blick in die Tiefen der schönen austriakischen Seele. Ihn interessiere doch der Name eines Menschen nicht, sagte er barsch in die Runde, sondern nur der Titel zähle: An dem könne er einschätzen, was einer so könne und wert sei.

Die Titel dienen vice versa also auch als Panzer der Persönlichkeit, als Bollwerk der Seele, was Wien für Fremde oft so ernüchternd und mühselig macht. Denn ja nichts herauslassen vom eigenen Sein, aber alles umgeben mit glänzendem Schein. So kann es passieren, dass man in eine Runde von Menschen tritt, die einander schon Jahrzehnte kennen, die sich jedoch hartnäckig nur mit Herr Doktor, Herr Ingenieur, Herr Kommerzialrat anreden, ohne dass einen ganzen Abend lang auch nur ein einziger Name fiele. Manchmal kennen sie den gegenseitig gar nicht. Liebedienerische Moderatoren sprechen Politiker mit »Herr BundeskanzlerMagister« und leibhaftige Menschen wirklich mit »Herr UniversitätsProfessorDoktorIngenieur« an, immer wieder und jedes Mal im Stakkato eines Maschinengewehrs. Jemandem zu bescheinigen, er oder sie sei so fabelhaft, dass man sie mit oder ohne Titel auch in einem Ministerbüro gut gebrauchen könne, ist in Wien jedenfalls so ziemlich ausgeschlossen. So fahren sie auch in die Ewigkeit: Grabinschriften kommen selten ohne Titel aus, bis hin zur »Kommerzienratswitwe« aus biedermeierlichen Zeiten.

Spannend wird die Sache, wenn einer in besseren Kreisen gar keine Titel verwendet und alle »nur« mit Namen anspricht. Nach anfänglichem Befremden und insgeheim aufbrodelnder Entrüstung schlägt die Haltung des erlauchten Publikums plötzlich in Ehrerbietung um, ja in Unterwürfigkeit: Der muss ein ganz hohes Tier sein, der sich solche Form- und Respektlosigkeit leisten kann.

3/B/2/15

Ausgerechnet deutscher Ordnungssinn hat einem der elegantesten örtlichen Orientierungssysteme der Geschichte den Garaus gemacht. Wir leben in den Zeiten großräumiger öffentlicher Verkehrsnetze, elektronischer Stadtpläne und spitzfindigster Mittel, um sich eine Spur durch die Städte zu bahnen. Und gerade heute wollen wir oft gar nicht mehr wissen, wie der genaue Weg durch eine Großstadt verläuft. So beeindruckt doch erst recht, was sich frühere Tage ausgedacht haben, um Städter und Fremdlinge ohne unser modernes Ortsfindungsinstrumentarium in den Gassen des großen Wien nicht verloren gehen zu lassen.

Der Besucher aus der Ferne entdeckt irgendwann, dass es neben den üblichen blauweißen Straßenbeschilderungen und Hausnummern noch solche ganz anderer Art gibt: Ellipsen und Quadrate mit weißem Untergrund, auf denen in altertümlicher Schrift und Farbe aufgeschrieben steht, wie sich Straße und Haus benennen. Viele finden diese Beschilderung so pittoresk, dass sie Nachbildungen solcher Straßenschilder und

Hausnummern als Reisetrophäe mit nach Hause nehmen, als zeichenhafte Erinnerung, wie romantisch und gemütlich Wien doch einmal gewesen sei.

Den wenigsten geht dabei auf, dass sie damit Exemplare eines der klügsten Orientierungssysteme städtischer Natur erworben haben. Frühere Tage mussten ganz ohne Orientierungshilfen auskommen, Stadtpläne gab es allenfalls in Amtsstuben der Administration und des Militärs, die Städter selbst hatten genug Mühe, sich in entfernteren Quartieren des großen Gemeinwesens zurechtzufinden, erst recht musste sich der Fremde, sei's vom Umland oder von weither, blindlings in das Gewirr der Gassen stürzen, ohne recht zu ahnen, wo aus oder ein.

Nicht so in Wien. Hier hatte ein jeder, der das System dieser pittoresken alten Schilderwelt erst einmal durchschaute, sehr wohl die Möglichkeit, sich ziemlich präzis durchzufinden, gelangte zielsicher ins Zentrum oder fand hinaus aus der Stadt. Oder er wusste, das Zentrum umkreisend, sich quer dazu durch das Weichbild Wiens zu bewegen. Denn die alten Schilder folgten einer präzisen Regel: Eckige Namensschilder bezeichneten die Magistralen und alle Straßen, die geradewegs von draußen ins Zentrum führten oder umgekehrt. Eckige Schilder bezeichneten auch kurze Gassen, sofern sie eben in der Falllinie vom Zentrum zum Rand der Stadt angeordnet waren. Die rundlichen Schilder hingegen, die schmucken Ellipsen, kennzeichneten alle Straßen, die rings um das Zentrum herum führten, die die Querverbindungen innerhalb der Stadt bewerkstelligten. Derart beschilderte man auch die Häuser. In den Falllinien Zentrum–Land viereckige, rund ums Zentrum runde Hausnummern.

Des nicht genug. Die eckige Benummerung der Anwesen längs einer Straße lief grundsätzlich und immer stadtauswärts. Also vom Zentrum mit den niedrigsten Ziffern aufsteigend immer in Richtung Rand, einst in Richtung der Tore, heute in Richtung der Vorstädte und des zerfasernden Umlands. Die Beschilderung der Häuser in den Querstraßen folgte einem ähnlichen Schema: Sie alle zählen aufsteigend im Uhrzeigersinn, also linksdrehend um das Zentrum herum. Wer das begriffen hatte, der vermochte auch ohne jede Karte oder sonstige Hilfsmittel ins Zentrum vorzustoßen oder aus der Stadt herauszufinden, ohne sich im Gassengewirr völlig zu verlaufen.

Die Nationalsozialisten, die Wien 1938 so einiges von seinem Charakter zu rauben versuchten, demontierten endgültig dieses System, verordneten das stupide Blauweiß, das sie auch in Deutschland in vielen Städten gegen so manche lokale Tradition durchsetzten. Damit verschwand in der großen Fläche diese kluge Systematik, sich rund und eckig in einem auf Anhieb unübersichtlichen Gemeinwesen zurechtzufinden. Zumal sogar die Farben mitspielten. Jeder der Bezirke hatte auf weißem Grund seinen amtlichen Farbton. Das Zentrum war rot. Die engere Wahlheimat des Schreibers, Mariahilf, VI. Bezirk, war gelb.

Dabei ist es heute noch relativ leicht, Wiens Stadtgestalt zu durchschauen, ist es doch vergleichsweise schematisch angelegt: Die meisten Vorstädte gruppieren sich wie die geschnittenen Winkel einer riesigen Torte um das Zentrum, eine Anordnung, die der Welthauptstadt der Mehlspeisen wohl ansteht.

Die Übersichtlichkeit erleichterte fraglos auch Spionen und Spitzeln des metternichschen Polizeistaats des 19. Jahrhunderts ihre Arbeit. Ein Überwachungs- und Polizeistaat, der Österreich gerade in jenen Zeiten war, die heute als ein gefühlsduselig vergoldetes, romantisch-kaiserliches Zeitalter verherrlicht werden. Aufdeckung und Verdeckung, öffentliche Pose und Verheimlichung waren im Schatten des kaiserlichen Hofes Hauptmotive für Bürgerverhalten, verbanden Denunziation und Diskretion in einem sich stets selbst widerstreitenden Geflecht. Aus jenen Zeiten hat sich in Wien ein ganz besonderes System der Postanschrift bewahrt. Es erlaubte und erlaubt heute noch, mit Menschen schriftlichen Verkehr zu pflegen, und dies vielleicht über Monate und Jahre, ohne dass sie beim Namen genannt würden.

Der Berichterstatter hat eine Zeit lang in einem Hause gelebt, das sehr groß war. Es hatte unzählige Eingänge und Treppenhäuser und mächtig viele Bewohner. Die Anschrift lautete: Museumstraße 3/B/2/15. Das bezeichnete die Hausnummer 3, die Stiege B, den zweiten Stock, die Tür 15. Kein Zweifel möglich. Denn alle Stiegen waren säuberlich durchnummeriert, und es gab im ersten Aufgang nicht dieselben Türnummern wie in den vielen weiteren, insgesamt sechs. Das heißt, im ersten Treppenhaus fanden sich etwa die Türnummern 1 bis 8, im zweiten die Wohnungen 9 bis 18 und so fort. Wien hat Durchhäuser mit bis zu sieben Höfen und mehr als zwanzig Stiegen. Die sind sämtlich so durchnummeriert. Auch die neuen Mietskasernen der Nachkriegszeit. Irrtum ausgeschlossen.

In wirreren Zeiten hätte also ein Aufrührer im Hinterstübchen der Museumstraße 3/B/2/15 hocken und mit seinen auswärtigen Spießgesellen oder der ganzen Welt korrespondieren können, ohne dass je sein Name gefallen wäre und ohne dass je klar geworden wäre, dass eine weitere Person hier vorübergehend ihre Heimstatt hatte. Früher war es durchaus üblich, allerhand Sendschreiben nur mit der Adresse herumzuschicken, ohne den Adressaten zu nennen. Auch hätte es sein können, dass jemand insgeheim sein verbotenes Liebchen oder seinen Cicisbeo beherbergt: Alle konnten diskret hinter so einer namenlosen Adresse untertauchen.

Derlei Diskretionsbedürfnissen ist es wohl auch zu danken, dass heute noch Österreichs Post gewöhnlich fest verriegelte Kästen anbringen lässt, die nur mit einem Schlüssel zu öffnen sind, den allein der Postbote und der Inhaber des Kastens haben. Am Türchen steht keineswegs ein Name zu lesen, sondern allein die Wohnungsnummer. Lediglich der Briefträger erkennt an den erst innen angebrachten Namensschildchen, die sich ihm auftun, wenn er die Kästen aufschließt, wer sich hinter einer Türnummer verbirgt. Ein normaler Mensch wird so daran gehindert, einem anderen einfach eine Sendung, einen Umschlag, einen Gruß, ein Zettelchen in den Briefkasten zu schieben, steht er doch normalerweise vor einem tresorartig verschlossenen Fach. Auf der anderen Seite erspart das dem Postkunden, seinen Kasten ständig verstopft zu finden mit sinnloser Reklame, mit dem bunten Papier der nach Absatz heischenden Überproduktion.

Das listige Adressensystem funktioniert bis heute. Nicht einmal der totale Überwachungsstaat, sei es der der Nazi oder der des Polizeistaaterfinders Metternich, wagten solche Schlupflöcher der Diskretion ganz zu stopfen.

Hände hoch!

Türen sich von alleine öffnen und schließen zu lassen, war vor den Tagen elektronischer Bewegungsmelder ein Ausdruck von Macht, der Höhepunkt des Hoheitlichen, ein Hokuspokus, den nur wenige beherrschten. Hohepriester alter geisterhafter Mythen, zu Gaukeleien aufgelegte hellenische Physiker, die frühen Meister mechanischer Zauberkünste in Manierismus und Barock ließen Tempelportale und Theatertüren aufschwingen wie von magischer Hand geführt. Sonst durchschritt die Menschheit gewöhnlich eher gedankenlos Türen und Portale, ohne das Betätigen der Klinken – oder Türschnallen, wie Österreicher den Entriegelungsmechanismus nennen – als sonderliches Ereignis wahrzunehmen.

Bei Hofe war das immer anders. Entsprechend irritiert ist der Besucher der Wiener Hofburg, nimmt er wahr, wie sich das Türenöffnen in imperialem Rahmen anlässt: sehr, sehr hoch. Nun ist zuzugeben, dass die allermeisten das gar nicht mitbekommen, wenn die Menschen sich mit einer Mischung aus Ehrfurcht und schaudernder Neugierde auf die obskureren Intimitäten früherer Potentaten durch die kaiserlichen Wohnräume des einstigen Weltreiches drücken. Zu Besuchszeiten steht alles sperrangelweit offen und niemand ist gezwungen, die Türklinke selbst in die Hand zu nehmen, die er niemals dort vorfinden würde, wo er das gewohnt ist.

Der größte Teil der weiträumigen einstigen kaiserlichen Wohnbereiche ist heute Amtssitz des Bundespräsidenten der Republik Österreich. Wie in einer post-höfischen Gesellschaft öffentlich zelebriertes Gehabe und das Bedürfnis nach Diskretion miteinander widerstreiten, kann man bei fast allen Gelegenheiten verfolgen, in denen das Staatsoberhaupt der Republik Österreich seines Amtes waltet. Denn Zelebritäten oder Bittsteller haben in einem hochzeremoniellen Vorraum zu warten – Brokat, Gold, Stuck, Lüster, Plüsch und Plumm –, in dem Amtsakte prosaischer Art, etwa die Vereidigung einer Regierung, die also keiner sonderlichen Staatszeremonie bedürfen, abgehalten und abgehandelt werden. Alle nehmen den Auftritt des obersten aller Österreicher immer, wenn überhaupt, in besonderer Weise wahr: Er erscheint nämlich fast wie ein Gespenst aus dem Nichts, in dem er den Raum durch eine diskrete Tapetentür betritt. Diese schmale, fugenlos in beigefarbenes Getäfel und violettrote Seidentapeten eingefügte Pforte in des Präsidenten eigentliches Arbeitsgemach erkennen Uneingeweihte meist nur, wenn sie benutzt, also geöffnet wird. Ist sie geschlossen, ist das Ausdruck des alten höfischen Verschwiegenheitskomplexes: Der Sucht nämlich, so zu tun, als gäbe es bestimmte Dinge, Vorgänge und Vorkehrungen gar nicht. Das trifft auf so vieles zu Zeiten des Feudalismus zu, gilt aber auch immer noch, seit sich die kleine Republik im gewaltigen Mobiliar des großen Reiches eingenistet hat.

Noch alle Staatsoberhäupter Österreichs haben bei der Geste, mit der sie die Menschen in den hallenartigen Großräumlichkeiten der Hofburg durch die scheinbar geduckte Tapetentür bitten – im Rahmen normaler Wohndimensionen würde der für imperiale Architektur mickrige Durchschlupf noch ein Scheunentor abgeben –, die Neigung entwickelt, ihren Besuchern freundschaftlich auf die Schulter zu klopfen, so nach dem Motto: Es wird schon nicht weh tun. So mancher ist auch wie ein begossener Pudel wiederum durch diese Luke entschwunden, andere haben, wenn schon nicht physisch, so doch psychisch, des Präsidenten Arbeitszimmer über das Portal und die Freitreppe verlassen, also mit einem bedeutenden Zuwachs an Amtsgewalt, Würden oder wenigstens an in Österreich noch immer hoch gehandelten Titeln und Ehrennamen, die das Staatswesen zusammenhalten wie der Hass auf die Vitamine die Wiener Küche. Die ominöse Tapetentür übrigens verfügt über eine Klinke nur auf der Innenseite, in mittlerer Lage, von außen also ist diese verschwiegene Kemenate der Macht nicht zu erobern.

Ansonsten sind die mächtigen Türen der Hofburg mit Klinken bestückt, welche zumeist in einer Höhe angebracht sind, die selbst des Preußenkönigs »lange Kerls« noch als ungewöhnlich weit oben angesehen hätten. Natürlich hat das mit Ästhetik, mit Innenarchitektur, mit innerer Dimension und dem Maß der Dinge an sich zu tun, denn auf Normalhöhe angebrachte Türschnallen würden an diesen turmhohen, stets zweigeflügelten Durchgängen seltsam, sogar lächerlich wirken.

Das aber ist nicht der wahre Grund für die Höhe der türenbewegenden Begrifflichkeiten in einem kaiserlichen Haushalt. Der hat mit Gottesgnadentum zu tun. An Wiens kaiserlich-königlichem Hofe herrschte bis zu seinem unrühmlichen Ende das spanische Hofzeremoniell als letzte eifersüchtig gehütete Hinterlassenschaft jener Tage, als in der Habsburger Reich, das ja auch Spanien und dessen überseeische Besitzungen einschloss, die Sonne nicht unterging.

Dieses Hofzeremoniell, eine Mischung aus Prüderie, Bigotterie und terroristischer Reglementierung des Alltags, beschied, dass die kaiserlichen Hoheiten keine niederen Tätigkeiten ausüben durften. Sie durften also nichts tun, was Sache der Domestiken, der Haushofmeister, Diener, Kutscher, Marschälle und Minister, was den Verrichtungen und Bedürfnissen der Alltäglichkeit dienlich gewesen wäre. Und zu diesen niederen Tätigkeiten, die den Exzellenzen und Eminenzen des Hofes gerade noch, nie aber dem engeren Kreise des Herrscherhauses zumutbar, ja gestattet gewesen wären, zählte das Bedienen einer Türklinke. Will heißen: Aus eigener Kraft einen Durchgang zu öffnen und hindurchzuschreiten, war für ein Mitglied der kaiserlichen Familie eigentlich grundsätzlich ausgeschlossen.

Eine prekäre Lage. Das hieße in praxi nämlich, dass diese armseligen Hoheiten nicht einmal jenen Ort, den auch der Kaiser zu Fuß aufsucht, hätten allein und in aller Diskretion besuchen können. Geschweige denn beiläufig durch die Hallen der Hofburg hätten gehen können ohne einen türenschwingenden Schwarm von Domestiken vorneweg. So galt es, einen Ausweg zu finden, der wenigstens im privatesten Raum den Hoheiten ein Minimum an Bewegungsfreiheit offen ließe, da ihnen ja knechtische Dienste, also das Öffnen von Türen, verboten waren.

Jene, die Zeremonien erfinden und Etikette stricken, tun dies gewisslich aus reinem Sadismus: den Untertanen gegenüber, die damit immer ins Unrecht des formlos Ungehobelten gesetzt werden; den Zelebritäten gegenüber, weil man sie so in engen Fesseln der Förmlichkeiten hält, an Eigeninitiative und Phantasie hindert, was bei den meisten Habsburgern ja auch gelungen ist. Andererseits musste man sich Dinge und Ausflüchte ausdenken, um wenigstens ein Minimum an Privatheit und Selbstbestimmung zu wahren. Zu diesem Zwecke hat das spanische Hofzeremoniell definiert, was knechtische Tätigkeiten seien und wie sie vollführt würden – nämlich überwiegend in einer Weise, dass sie Handarbeit bedeuteten, und Handarbeit sei, was man mit gebeugtem Haupt und mehr oder minder gebückter Haltung verrichte. Wenn ich also etwas tue, das zu tun unter meiner Augenhöhe und damit Würde liegt. Das heißt im Umkehrschluss: Bringt man die Türklinken so hoch an, dass sie über oder wenigstens auf Augenhöhe der Hoheiten liegen, dann wandelt sich deren Bedienung, wenn nicht gleich in einen hoheitlichen, so doch in einen höheren Akt von angemessener Würde. So lange der hehre Mensch die tätige Hand nicht unter Augenhöhe sinken lässt, ist dies noch im Rahmen adeliger Gebärden, nichts buchstäblich »Niederes«.

Es ging also um Zentimeter, die das Durchschreiten einer Tür mit eigner Klinkenkraft von der dienenden Dienstleistung zum würdigen Akt adelten. Deshalb allerorten die hoch gelegenen Klinken: Nur deren Hochlage befähigte die Herrschaften, tatsächlich den Raum zu wechseln, ohne sich eines Frevels am Hofzeremoniell schuldig und damit als Hoheiten unmöglich zu machen. Hände hoch! Dieser unerfreuliche Befehl bekommt da ganz andere, geadelte Bedeutung.

Schule der Nation

Wien ist eine Stadt, die auf vieles und auf sich selbst sehr stolz ist, neuerdings sogar auf ihr Verkehrschaos. Die Staus etwa auf der innerstädtischen Südost-Spange der Autobahn werden wie Siegesfanfaren verkündet. Dabei brauchte es das alles gar nicht, denn ein Gutteil dessen, was sich da in der Stadt so zusammenballt, fußt auf der gemächlichen Auffassungsgabe ihrer Bewohner: Wien ist eine Stadt, deren Autofahrer noch jedes Mal von der Tatsache regelrecht überrumpelt werden, dass die Ampel auf Grün springt. Im beherzten Bemühen, diese unvorhersehbare Situation zu meistern, schaffen es einige Wagen, aber doch nur wenige über die Kreuzung, obwohl die Ampelphasen lähmend lang geschaltet sind.

Die Hauptstadt und das ganze Land Österreich werden in der umgekehrten Richtung gut vorbereitet: Bevor die Ampeln auf Gelb und Rot umschalten, blinken Sie mehrmals grün. Die Blinkphase erlaubt auch bedächtigeren Charakteren, sich auf das Kommende gebührend vorzubereiten. Die Unsitte, mit Vollgas über gelbe, ja rote Ampeln zu rasen, begegnet uns deswegen ziemlich selten, gemessen an den Nachbarländern. An die Blinkregelung gewohnt, kommt einem der Brauch etwa in Deutschland, die Ampeln sofort und ohne Vorwarnung auf Gelb zu schalten, ziemlich rabiat vor. Für Leute, die von auswärts nach Österreich kommen, namentlich nach Wien, ist das eine angenehme Überraschung: Wie überhaupt in diesem Lande – lassen wir Grün einmal außer Acht – sonst nichts völlig unverhofft geschieht, gönnt einem die blinkende Warnanlage einiges an Entscheidungsfreiheit, ob man es noch unbedingt über die Ampel schaffen will oder nicht. Sich als Ampel-Rowdy aufzuführen, wäre also ein relativ lang überlegter Willensakt, dem die Exekutivorgane der Stadt mit dementsprechendem Ernst entgegentreten.

Man sollte sich grundsätzlich präzise dessen vergegenwärtigen, was man so auf Wiens Straßen zu tun gedenkt. Denn die Verkehrsadern der kompakten Metropole vermitteln dem Fremdling ein seltsames Déjà-vu: Sie sind weniger Flächen für ein rasches, geregeltes und unkompliziertes Fortkommen, sie sind vielmehr die pädagogische Anstalt der Nation schlechthin, und als Deutscher fühlt man sich lebhaft an die eigene Heimat in den sechziger Jahren erinnert: Es geht ausschließlich darum, wer Recht behält.

Gerade Deutsche überrascht freudig, dass diese seltsame Vorliebe Recht zu behalten, die Jahrzehnte der autofahrerischen Emanzipation in Germanien geprägt, die sich aber doch zu verflüchtigen begonnen hat, bei den österreichischen Nachbarn so prachtvoll überdauern konnte. Der Verkehr ist also keine eigentliche Frage der Fortbewegung, sondern eine Institution, die dazu geschaffen scheint, dem Mitmenschen Recht, Ordnung und Unterordnung beizubringen. Irgendwo einzubiegen, die Fahrspur zu wechseln oder etwa ein unkonventionelles Manöver zu vollführen ist keine Frage fahrerischen Geschicks oder kluger Achtsamkeit, sondern Demonstration eigener Kompetenz und vollkommenen Einklangs mit den Rechtsvorschriften sowie der erbitterten Gegenwehr der anderen Verkehrsteilnehmer.

Eine der schönsten Autofahrerlegenden in Wien ist die, dass die Italiener aggressive Fahrer seien. Deren Methode, es an jeder Lücke, jedem Durchschlupf einfach irgendwie zu probieren, wird als stierer Angriff auf die Mitwelt missinterpretiert. Man schließt von sich auf andere: Denn wenn ein Wiener eine zum Durchschlüpfen geeignete Lücke erspäht, erhebt er die Passage unmittelbar zur Frage von Sein oder Nichtsein, von Recht oder Unrecht, von Machtfülle oder Unterwerfung. Wenn nichts geht, probieren hingegen Italiener nichts weiter und geben emotionslos nach.

Ausgeschlossen derlei in Wien. Im motorisierten Verkehr irgendwo irgendwie nachzugeben, scheint so ziemlich das Nichtswürdigste zu sein, die größte Erniedrigung, der sich ein Bewohner dieser Stadt unterziehen könnte. Deswegen ist solcherart Anpassung von Haus aus undenkbar. Derlei Nachgiebigkeit zu unterliegen darf auch gar nicht sein, denn der Wiener Kraftfahrer ist sich seiner vollen Gesamtverantwortung bewusst, dass sein Handeln im Straßenverkehr weniger der Fortbewegung als der pädagogischen Unterweisung der Mitwelt zu dienen hat. Er darf also schon deshalb nicht nachgiebig sein, weil er dem Nächsten dessen seinerseitige Pflicht zur Nachgiebigkeit beizubringen hat. Allfällige Zusammenstöße bei dieser gemeinschaftsbildenden Tätigkeit sind – buchstäblich – in Kauf zu nehmen.

Das alles macht den Verkehr in der österreichischen Hauptstadt sehr flüssig und sehr elegant. Denn viele dieser Entscheidungen, die da im Sinne der Erziehung des Mitmenschen zu treffen sind, werden mit der gleichen Tatkraft, der gleichen Entschlossenheit vollzogen wie die, nach dem völlig überraschenden Umspringen der Ampel von Rot über Gelb auf Grün tatsächlich einen Gang einzulegen und die Fahrt fortzusetzen. Wir lernen: Wiener lieben die Herausforderung.

Streifengeschichten

Ein Mensch überquert die Straße. Ort der Handlung: eine Kreuzung in Gumpendorf im Sechsten Wiener Gemeindebezirk. Der Mensch, bepackt mit einem schweren Einkaufskorb, nimmt eine Abkürzung knapp vor dem Zebrastreifen. Ein Polizeiauto rollt heran, die Ordnungshüter setzen das Martinshorn in Gang. Der brüllende Jaulton wirft den Mann vor Schreck beinahe zu Boden. Er gestikuliert wütend in Richtung der beiden feixenden Polizisten.

So was ist Majestätsbeleidigung. Das »Exekutivorgan« am Steuer baut den Wagen als theatralisches Verkehrshindernis in die Straße, wie nach einem Unfall, damit der Verkehrsfluss stockt und alle Vorbeifahrenden notgedrungen und geflissentlich Notiz von der Amtshandlung zu nehmen haben. Dann springt er heraus und fährt den Delinquenten an, er habe gegen die Straßenverkehrsordnung verstoßen, weil er nicht auf, sondern neben dem Zebrastreifen die Straße überquert habe. Sein Gestikulieren sei im Übrigen als Widerstand gegen die Staatsgewalt zu deuten. Des Mannes wütender Einwand, die Polizisten hätten ihn mit dem brüllenden Martinshorn willentlich erschreckt, wird erstaunlicherweise mit dem Hinweis abgewiesen, das Martinshorn sei gar nicht in Betrieb genommen worden, es handele sich wohl um eine Sinnestäuschung. Die verblüffte Gegenrede des Menschen wird von dem rädelsführenden Polizisten mit der Drohung bedacht, wenn hier weiter Lügen verbreitet würden, dann werde das strafrechtliche Folgen haben.

Die Szene wird zum Tribunal. Die in ihren Uniformen kampfanzugartige Entschlossenheit signalisierenden Ordnungshüter beginnen nun umständlich die Personalien des Sünders wider die Straßenverkehrsordnung aufzunehmen. Wie bei derlei Anlässen üblich, versammelt sich rasch in gemessenem Abstand ein Ring von Gaffern, die dem Amtshandeln zunächst mit eher indifferenter Neugier beiwohnen. Wiewohl die Szene auf dem Bürgersteig spielt, entwickelt sich auf den Fahrbahnen ein prachtvoller Stau in alle Himmelsrichtungen, das als Pfropfen postierte Fahrzeug erzielt den zu gewärtigenden Infarkt.

Mit grimmigem Schweigen verfolgt der Mann die angeberische Geschäftigkeit des beamteten Wortführers, lässt die Prozedur mit Haltung über sich ergehen. Eine Grimmigkeit, die der Beamte plötzlich als Bedrohung auszulegen geruht: »Treten Sie zurück und halten Sie Abstand!«, faucht er den Menschen an. »Sonst kann ich Gewaltmaßnahmen setzen! Ich habe das Recht dazu.« In der Tierpsychologie nennt man so etwas einen Angstbeißer. So weit, so schlecht, aber durchaus als internationalistischer Vorfall zu bewerten, also als eine Mischung aus Rechtssetzung und Willkür, wie sie auf der ganzen Welt vorkommen kann.

Nun aber bekommt die Szene eine Dynamik, die wohl als Wiener Spezialität anzusehen ist. Es nähern sich nämlich immer mehr Zuschauer, Unbeteiligte, wie es scheint, mit dem Gestus, etwas zur Klärung des Sachverhalts beizutragen. Auf der ganzen Welt könnte man erwarten, dass die Umstehenden irgendetwas Begütigendes zu den Polizisten zu sagen hätten. Oder dass die Ordnungsmacht Adressat kleiner Aggressionen und listiger Ablenkungsmanöver würde, um von dem Delinquenten abzulenken. Allüberall schlägt sich das Publikum gewöhnlich auf Seiten des Beschuldigten. Nicht so in dieser Stadt.

Eine schnaufende Dame weiß den Herren Polizisten geheimnisvoll tuschelnd zu berichten, dass ihr dieser Mann schon oft aufgefallen sei, weil er – gleichsam den berechtigten Ordnungsansprüchen des Staates zum Trotz – niemals den

Zebrastreifen benütze, sondern »zu Fleiß« immer woanders die Straße quere. Die Aussage kommt ins Protokoll. Jemand hat ihn schon mal »diagonal« – der Zeuge wiederholt dieses Wort mehrmals triumphierend – über die Kreuzung stapfen sehen. Einer glaubt ihn plötzlich als bezirksbekannten, rote Ampeln missachtenden Fahrradterroristen zu erkennen, der »sich um keine Regel net schert«.

Der Auflauf wird größer, die allermeisten Schaulustigen vermögen längst nicht mehr den Ausgangspunkt des Geschehens abzuschätzen. Was auch egal ist, denn nun meldet sich ein spindeldürrer Herr im Popelinmantel, der den wahren Ernst der Lage erkannt und der wiederholt beobachtet hat, wie der Delinquent mit seinem schweren Korb von Menschen angesprochen worden sei, die eindeutig zu den »Suchtlern« gehörten, die im nahen »Ganslwirt«, der Methadonstelle der Stadt, ihre Therapierationen abholen. Wahrscheinlich, so belehrt er die Polizisten, befinde sich unter Lauch, Kraut und Radieschen in dem Korb gut getarnt ein größeres Rauschgiftlager, an dem sich die »Giftler« gütlich täten.

So viel kombinatorische Präzision beflügelt den Bekennermut weiterer Umstehenden. Ein Mann mit Hund, beide eher rundlich, weiß mehr: Ums Eck gebe es doch dieses Ausländerlokal, Südamerikaner oder so. Da habe man diesen Menschen schon öfter ein- und ausgehen sehen, mit Leuten übrigens, die keineswegs so aussähen, als seien sie anständige und fleißige Österreicher. Ein tuschelnder Dreier schließlich unterbreitet der Exekutive Beobachtungen, die gewisslich zur Aufklärung der häufigen Einbrüche in einige der in diesem Quartier zahllosen Edelsteinhandlungen beitragen könnten. Die Einbruchserie ist den Polizisten durchaus unbekannt.

Inzwischen sind alle Leute einfach so über die Straße gegangen, wo es ihnen beliebt: Der Polizeiwagen blockiert ja auch den Zebrastreifen. Als die grimmen Herren dann endlich davonbrausen, jault wieder kurz die Sirene los. Noch eine Sinnestäuschung.

Im Schwitzkasten

»Rote Fahnen sieht man besser!« Diese Parole ist dem Versuch entwachsen, die Solidaritätsappelle der guten alten Arbeiterbewegung sichtbar zu machen, gleichsam unter ein sinnliches Banner zu stellen. Wien ist eine Stadt, in der die sinnlichen Attribute, die »rote« Ästhetik des Fortschritts so zahlreich überlebt haben wie in keiner anderen Stadt Europas. In der Architektur, in der Wohnkultur, im Theater, selbst bei der Reinlichkeit – in einer Vielzahl öffentlicher Einrichtungen ist kaum ein Ort, kein anderes Gemeinwesen in Mitteleuropa so vom Geist der Sozialdemokratie des vergangenen Jahrhunderts geprägt wie die österreichische Hauptstadt. Die strikte Linienführung dieses geistigen Konstruktivismus, aber auch seine Ornamente, prägen viele Quartiere und Winkel dieser Stadt wie Barock und Gründerzeit seine imperialen und bürgerlichen Areale. Dieser Geist weht auch noch an Orten, wo sie kein Mensch vermutet hätte.

Befände sich etwa in München, Berlin oder Hamburg eine große Badeanstalt mit dem Namen »Amalienbad«, so ließe sich getrost darauf wetten, dass die Benennung von irgendeiner Prinzessin eines längst verblichenen Herrscherhauses entlehnt wäre oder von der hochmögenden Tante eines Handelsherrn. In Wien, wo es wirklich steht, verewigt es den Namen einer so energischen wie populären sozialistischen Stadträtin vergangener Tage. Und kein Bau ist so wie dieser geeignet, den schönen und ökumenischen Sinn von Gleichheit und Reinlichkeit zu dokumentieren, wo man bürgerlichen Protz vermutete: Dieser herrliche Bau im Zehnten Wiener Gemeindebezirk – außen schlanker Konstruktivismus, innen lupenreiner, unverkitschter Jugendstil – darf als eine der verkanntesten architektonischen Schönheiten der Stadt gelten und stellt etwa das berühmte Müllersche Volksbad in München weit in den Schatten, was Größe, was Pracht, aber auch was Eleganz angeht.

Natürlich hat man alle Sorten und Finessen eines ausladenden Badebetriebs hier versammelt. Dabei hat man just die Sauna in Wien in besonderer Weise ausgestattet und ritualisiert. Nicht nur, dass im Amalienbad die Schwitzkammern in Areale von cäsarischer Pracht eingebettet sind, die Warmwasserbecken in ihrer Theatralik eher an das Forum des Römischen Senats gemahnen als an eine Säuberungs- und

Vergnügensanstalt. Wer hier zu schwitzen gedenkt, dem winkt man buchstäblich mit roten Fahnen: Beim Aufguss, von den Saunafreunden als feierliches und tiefernstes Ritual zelebriert, wird mit einem gewaltigen roten Tuch der hitzesüchtigen Gemeinde der Dampf zugefächelt. Zumindest war das früher so. Heute greift einer der Enthusiasten hier schon mal zum eigenen Handtuch oder nach einem weißen Laken, aber für jene, die gleichsam den Kern dieser Hitzeübungen auch gleich noch als proletarische Zeremonie, gleichsam als eine Methode begreifen, Stand und Klasse zusammenzuschweißen, denen man hier in Favoriten angehört, die nehmen auch heute noch das rote Tuch. Nach vollbrachter Tat tost die heiße Kammer vom Applaus für den Helden. Wer diese Art der Ehrerbietung für den »Wachler« nicht gewohnt ist, weil vielleicht nicht aus Wien gebürtig oder nicht der ausgiebigen Baderegeln mächtig, die in Wien selbst dem Schwitzen wie allem anderen eine feste Ordnung verleihen, den mutet der Applaus im Schwitzkasten an wie der Brauch von Reisenden in Charterflugzeugen, den Piloten nach gelungener Landung zu beklatschen, als handele es sich um eine artistisch-ästhetische Kunstfigur. Doch wage es einer, während dieser heiligen fünf Minuten des Aufgusses, während derer grimmig ein rotes Sperrlicht leuchtet, die Flucht zu ergreifen. Diese Memme! Unsagbar die Flüche und die Verachtung, die dem Feigen nachdampfen.

Nur in Arealen, wo das so badefreudige Osmanische Reich nennenswerten Einfluss ausgeübt hat, finden sich Anstalten von solch generöser Ausstattung, solcher Säuberlichkeit und in solch großzügigen Räumlichkeiten wie vielerorts in Österreichs Bundeshauptstadt. Hier herrscht nichts mehr von der alten Wurstigkeit des Tröpferlbades, das allein der Reinlichkeit diente, das aber seinerseits in den Zeiten der Mietskasernen mit einem Wasserhahn und einem Klo auf dem Flur für ein Dutzend Familien zu den ganz großen Errungenschaften gesellschaftlichen Fortschritts zählte und von dem heute noch diverse existieren, intensiv genutzt von den meist ausländischen Nachrückern in die Wohnkäfige des »Substandards«, wie man das in Wien nennt. Paläste einer gleichsam antikischen Badekultur wie das Amalienbad hingegen atmen die Lust am Bade wie an einer kostbaren Errungenschaft, wie an einem Privileg. Und dass hier auch die Herren so gerne mal in die Damensauna spitzen würden, liegt ausnahmsweise nicht nur an der Hoffnung auf erotische Ausbeute, sondern an deren märchenhaften Kachelgrotten, die für männliche Wesen üblicherweise unerreichbar bleiben.

Die Wiener Mannsbilder rächen sich stattdessen an sich selbst: hundertzehn Grad Lufttemperatur gelten generell als des wahren Mannes würdig. Hier, so scheint es, werden dem echten Wiener die letzten Relikte von Verweichlichung aus den Gliedern gebrannt. Wer das nicht aushält, der sollte am besten fernbleiben. Für die Schlappen und Furchtsamen gibt es zumeist einen zweiten Schwitzkasten, mäßiger temperiert als die eigentliche Glutkapsel, aber immer noch viel zu heiß für das, was die Finnen einst als glückselig machendes Schwitzbad erfunden haben, das Geist und Seele so wunderbar klärt, wie es den Körper kräftigt, und dessen Temperaturen sich etwa in der Höhe bewegen, wie man sie mit einem ordentlichen Holzofen erzielen kann, nämlich zwischen achtzig und neunzig Grad Celsius, was ohnedies viel besser zum Schwitzen anregt als die in Wien üblicherweise angefachte Höllenglut.

Dabei ist die Sauna in Wien – wie so vieles – vorwiegend gesellschaftlicher Tummelplatz. Männerriegen, Weiberriegen und, wenn gemischte Besetzung möglich, ganze Kleinbetriebe oder Bürobesatzungen nützen den Ort zu regelmäßiger Familienpflege oder besonderen Festlichkeiten, wobei der Alkohol manchmal nicht nur beim Saunawirt in die Kehlen fließt, sondern auch trotz strengen Verbots auf die Heizsteine der Klimakammer träufelt (allerdings begegnet man derlei nie in so penibel geführten Anstalten wie dem Amalienbad). Der Autor geriet einmal unverhofft in die verdampfenden Obsessionen eines Gesundheitsfanatikers, der mittels eines Aufgusses mit einer Knoblauchessenz alle gesellschaftlichen Verpflichtungen für eine ganze Woche hinfällig machte.

Da lobt man sich manche Familien. Sie ziehen zur Winterszeit mit Mann, Matte und Picknickkorb für ganze Samstage ins Schwitzbad, so wie sie sommers das Wochenende im Garten oder an der Alten Donau zubringen. So gesehen schwitzt keine Stadt so fröhlich wie Wien.

Vom Klang der Kräuter

Der Garten der Düfte ist in Wahrheit ein Schlauch. Ein langer Schlund, der Menschen, die einigermaßen bei Sinnen sind, mit Verheißung und Betörung einsaugt. Beinahe einen Kilometer lang ist dieser Parcours der Gerüche und Farben, der Verlockungen und Reize, wo der Orient so nah ist wie die Gärten des Umlandes der Hauptstadt. Der Wiener Naschmarkt ist so lyrisch schon besungen worden, dass dem nicht noch ein Hohes Lied beigefügt werden soll, was Leckereien oder die Rohstoffe anbetrifft, um Leckereien daraus zuzubereiten. Den Aromen und Düften, der Exotik von Obst, Knollen und Gemüse, von Wurzeln, Kernen und Schoten, der Exotik jener, die diese Ingredienzien einer saftigen Sinnenwelt anbieten, fügt sich noch ein eigentümlicher klanglicher Kosmos an, gleichsam eine ganz eigne alltägliche Literatur.

Der Naschmarkt kommt vielen wie ein bunter Teller vor, den man aus dem Garten Eden herausgereicht hat. Freilich ein Betonteller. Fauliger Gestank mischt sich nicht selten bei wechselndem Wetter in die würzigen Wolken über den Ständen und erinnert daran, dass dieser Markt auf einer höchst prosaischen Nutzfläche steht, auf einer künstlichen Platte über dem Tal der Wien, also über dem grausam kanalisierten Rinnsal, das vom Wienfluss, dem Namensgeber der Stadt, übrig geblieben ist, einer Kloake verwandter als einem Wienerwaldbach, der er eigentlich wäre. Das Flüsschen selbst habe Trinkwasserqualität, sagen Kenner, die ihre Fischereilizenzen herumzeigen, zum Angeln in der Wien. Im Verborgenen laufen parallel die Hauptkanäle der Wasserentsorgung, aber der Armseligkeit der Szene tut dies keinen Abbruch. Unten, neben dem trübsinnigen Gewässer, fährt auch die U-Bahn, einst als Stadtbahn installiert und mit ein Grund, das Tal der Wien zuzudeckeln, an dem einstens der Stadt schönste und herzhafteste Weingärten lagen. Die Verkehrsader verrät sich nur dem Wissenden, wenn der Untergrund regelmäßig von den Zügen leise vibriert.

Vor dem Markt, da wo der weiße Pavillon der Secession blinkt, erinnert der Straßenname noch an die feuchten Zeiten. Die Ausstellungshalle steht am Fuße des Getreidemarktes. Dem aufmerksamen Wienbesucher wird auffallen, dass es natürlich noch einen Kornmarkt in der

Stadt gibt, wieso also die Doppelung mit dem Getreide? In vielen Donaustädten Bayerns und Österreichs gibt es Kornmarkt und Getreidemarkt einträchtig nebeneinander – weil Letzterer nichts mit der Feldfrucht zu tun hat: Das war immer der Treidelmarkt, also jene Furt oder Bucht, wo früher die Treidelboote der auf dem Wasser herbeistakenden Händler und Bauern mit ihren Waren festmachten. Am Wiener Treidelmarkt gab es einen kleinen Zulauf zur Wien und eine Weitung des Flusses, wo es sich gut handeln ließ. Gewiss auch mit Getreide. Die Existenz eines Kornspeichers in der Nähe ist verbürgt. Namensgeber war er sicher nicht. Dann hat man das Gewässer irgendwann zugeschüttet und aufgefüllt, das Treideln verschwand aus dem Alltag der Städter, und sprachlicher Ordnungssinn des 19. Jahrhunderts verballhornte den alten Wassermarkt zu etwas sehr, sehr Ländlichem.

Wie idyllisch auch, sich vorzustellen, dass der Naschmarkt selbst seinen Namen einfach daher hätte, dass hier seit alters so viele schöne Näschereien feilgeboten worden seien. Ursprünglich war er der Buttermarkt, von dem man sich auch Eier und frische Milch zu holen pflegte. Die Milch trug man in einer Deckelkanne heim, der so genannten Aschen. Mit dem Verschwinden dieses Gefäßes aus dem Alltag verschwand auch die Ahnung von der Bedeutung des Wortes und der Aschenmarkt mutierte bald im zunehmend ahnungslosen Volksmund zum Naschmarkt.

Nun besucht man den Naschmarkt kaum als Volksbildungsveranstaltung. Eher schon als sinnliches Gesamtkunstwerk, in dem die Akustik ihre feste Rolle hat. Bewerten wir einmal nicht den beherzten, atonalen Gesang des slowakischen Roma-Primas, der jeden Freitag und Samstag vor der Marktkapelle tapfer vor sich hin gurgelt, bestärkt vom reichlichen Obolus der Passanten, den er irrig als Anerkennung seiner Kunst wertet und der dabei eher – vergeblich – als Schweigegeld wirken soll. Den Naschmarkt beherrscht klanglich eine Art stimmliches Rattern, wie der Gruß eines Maschinengewehrs. Der allgemein gebräuchliche Ausruf »Bitte schön, bitte sehr!« soll Aufmerksamkeit für die ausgelegte Ware wecken, wobei dieser Spruch, der eigentlich klingt, als mache einer einen Kratzfuß dazu, eher erschreckt als lockt: bittesssschööööööönbittessserrr!, schnarrt es plötzlich ins Ohr, weckt eher Fluchtinstinkte als die Lust zu verweilen und die Ware zu begutachten.

Weiter hinten dann, wo die Exotik der Waren und Bieter noch ansteigt während das Preisniveau im selben Maße sinkt, drehen sich gewaltige Walzen geschichteten Fleisches am Grill. Die Einladung, sich vor lodernder Flamme eine riesige Brottasche voller türkischen Lammfleisches zu gönnen, knallt wie ein Peitschenhieb: KeeeeeBAPPP!, wobei die erste Wortsilbe wie ein dunkles Rollen, Drohen und Grollen ausholt, bis sich alles in der zweiten Silbe wie ein Schuss entlädt. In der engen Marktgasse konkurrieren mancherorts bis zu drei Kebab-Brater, wetteifernd prasselt der akustische Beschuss auf den verschüchterten Passanten nieder.

Irgendwann verfließt das alles in einer milde rumorenden, ökumenischen Klangkulisse. Wer zählt die Völker, nennt die Namen? Wer deutet die Zeichen, liest die Schilder? Eine der erstaunlichen Entdeckungen sind ungewohnte Heilige, die den Markt hüten: St. Celeri und St. Pilze sind die unbestrittenen Patrone des Gefildes. Auch versiertesten Klerikern werden sie nichts sagen. Wer sich aber einmal in die Abkürzungssucht der Wiener hineingedacht hat, dem dämmern irgendwann tutti santi und ihre Bedeutung: Ersterer tritt auch als St. Zeller auf und ist der Patron des Stangensellerie, der andere ist der der Steinpilze.

Wie lacht uns der *Fenikel*, wie funkeln die gelben *Quwieten*, wir kaufen *Spennat*, dazu *Pe-*

trile, *Petrschill* und *Endiva*. Beiläufig begegnet uns *P. Urtzwel*, der uns rät, doch mit *Bassikom* zu würzen oder überhaupt mit *Krötr*. Was Ungarn, Kroaten, Perser, Syrer, Libanesen, Griechen, Türken uns da an schönsten Früchten beflissener sprachlicher Assimilationskultur bieten, wir entziffern es bald mit souveräner Sicherheit, zumal diese schönen Nennungsformen mancherorts schon Jahre überdauern.

Beim Obst schätzen wir besonders die *Urantsch'n*, den goldgelben *Dellissus* und *Wilhelm B*, den wir durch die anliegende Frucht zu identifizieren lernen. Lange rätselhaft bleibt uns jedoch jene seltsame Waffe, die einer beharrlich feilbietet: *Mama Colt*. Mangold ist gemeint, fett weißgrün und glänzend. Homerisches Gelächter darob vom *Berlach*.

Hier nun die Auflösung der Klangrätsel: Fenchel, Quitten, Spinat, zweimal Petersilie, Endiviensalat, Petersilienwurzel, Basilikum, Kräuter, Orangen, Delicius, Williamsbirne, Bärlauch. An vielen hier ungenannten Zwischenformen hätten die Konstrukteure der letzten Rechtschreibreform in diesem phonetischen Marktwörterbuch nachlesen sollen, wie sich deutsche Dingwörter für ein orthografisch ungeübtes Ohr dartun.

Am Ende überkommt uns noch der Verdacht,

Max Brod oder einer seiner Anverwandten hätte vielleicht beiläufig eine Bäckerei in Wien betrieben. Über dem breiten Laden der Naschmarktbäckerei prangt seit je ein großes, professionell gemaltes Schild: *Brodspezialitäten*.

Süßsauer

In Wien, der mitteleuropäischen Hauptstadt der Artigkeiten, verlaufen die konfliktreichsten Bruchlinien, jene Grenzen also, wo der Spaß aufhört, oft an höchst unerwarteter Stelle. Politik oder die Einteilung der Welt in Gut und Böse kann so manche ihrer Bewohner vergleichsweise kalt lassen angesichts so existenzentscheidender Fragen, ob ein wahrhaftiges Backhendl unter seinem goldgelben Überkleid aus Panade noch seine Haut tragen muss oder ob solcherart Unterwäsche das geliebte Federvieh geradezu ungenießbar mache. Ähnlich elementar ist die Sache mit dem Gurkerl: Ist die Salzgurke oder die Gewürzgurke des Glückes Unterpfand? Was man im Prater und auf Wiens Märkten zumeist aus dem Fass auf die Hand zu schnabulieren bekommt, sind feiste Salzgurken, als gesund und schmackhaft gepriesen. An einem Würstelstand aber zu Burenhäutl oder Käsekrainer eine Salzgurke statt des Gewürzgürkchens zu servieren, käme einer Provokation gleich.

Was Wunder, dass die Stände mit Saurem, Süßsaurem oder Salzigem die Seele der Wiener

Märkte ausmachen. Der Wiener Märkte, deren prominentester, der Naschmarkt, allmählich gar nicht mehr als solcher funktioniert, sondern sich mehr und mehr zur reinen Ess- und Trinkmeile umstülpt, zum schicken Verköstigungsschaukasten, in dem sich die Promis und Touristen zur gegenseitigen Bewunderung darbieten. Mehr Markt der Eitel- als der Köstlich- oder Notwendigkeiten. Man tut gut daran, sich in die großen alten Vorstädte zu schlagen, die für sich ja oft mindestens so urban sind wie das Zentrum selbst. Der Weg hinaus mit der U-Bahnlinie Nummer eins zum Keplerplatz führt direkt zum Viktor-Adler-Markt. Dessen politischer Namensgeber – Victor Adler war für Österreichs Sozialdemokraten das, was August Bebel für die deutschen bedeutete – prägt heute noch diesen dichtesten der Wiener Märkte mit seinen fast Traufe an Traufe gestapelten Hütten. Haben nämlich die im klassischen Arbeiterviertel Favoriten ohnehin handfesten Standbesitzer und Gemüsetandler besonders schlechte Laune, dann darf man annehmen, dass Wahlkampf ist: Seltsamerweise toben hier die wildesten Kleingefechte um des Wählers Herz, die wahlkämpfenden Politikerhorden belagern nach dem Urteil der Marktleute dieses Areal oft derart, dass die Geschäfte nicht mehr gehen, weil die Kunden vor lauter politischer Billigware nicht mehr zu den handfesten Gütern des täglichen Bedarfs vordringen.

Politik zählt auf Wiens Märkten also zur besonders sauren Ware. Hier vom Viktor-Adler-Markt aus hat etwa der Krauterer Gegenbauer seinen Erfolgsweg gestartet, der längst zu einem so prominenten wie delikaten Essigstand auf dem Naschmarkt geführt hat. In der Vorstadt geht es mehr um die bottichgroßen Gläser mit Ölpfefferoni, um die mit Kraut gefüllten Paprika, wie man sie aus Ungarn und der Slowakei kennt, ums Kraut selbst, in vielerlei Varianten und Geschmacksnuancen, mit Kümmel und Lorbeer, mit Wein, mit Äpfeln, mit Quitte.

Der Viktor-Adler-Markt konzentriert eine eigentümliche Atmosphäre, einen Umkreis, der noch die kleinstbürgerliche Ästhetik der fünfziger und sechziger Jahre atmet. Leider hat das Geschäft mit dem großartigen, aus dem Wiener Verniedlichungswahn geborenen Namen »Socki & Strumpfi« inzwischen zugesperrt. Aber der nahe »Frisör«, die Stehbeisln, die überlebenden Läden für Knöpfe und Schnallen – all das atmet die oft erbitterte Beharrlichkeit des Einfachen und die heute schon wieder kultwertig gehandelten einstigen Attribute der Wiener Spießigkeit.

Wiens Märkte sind meist Hochburgen der fremdsprachigen österreichischen Bürger. Zwischen diesen und den deutschsprachigen Wienern verläuft auch die Süß-Sauer-Grenze besonders scharf. Was in den großen Behältnissen mit den als Griff ausgearbeiteten Schraubdeckeln an eingelegtem Gemüse verkauft wird, ist zumeist türkischen Ursprungs und immer salzig, nie süßsauer. Während sich auf dem Markt in Favoriten viele eingesessene Familien halten, die sich für echtere Österreicher dünken, sind etwa auf dem Brunnenmarkt in der anderen traditionellen Arbeitervorstadt Ottakring die Alteingesessenen mit wenigen Ausnahmen Türken oder Kurden, manchmal auch Serben und Kroaten, Perser und Syrer. Vom Zentrum bequem mit der Trambahnlinie J zu erreichen, zieht er sich als typischer Straßenmarkt einen ganzen Kilometer durch die Brunnengasse bis zum Yppenplatz. Der Häferlkaffee an der Holzbude ist natürlich so wienerisch, wie er nur sein könnte. Aber im Angebot der Köstlichkeiten und Alltäglichkeiten spiegeln sich mehr und mehr die Bedürfnisse ganz anderer Küchen, als es die traditionell wienerische wäre. Bis vor wenigen Jahren hätte man hier vergeblich im Frühjahr nach Spargel gesucht. Dafür taucht schon im März der junge Knoblauch auf, dicke Bündel dünner Gewächse noch ohne Knolle und von betörender Würze.

Im zweiten Glied, in den Gasthäusern hinter den Standreihen, breitet sich der ganze kulinarische Kosmos der Levante aus, von Wien über Zagreb und Novi Sad bis nach Sofia, Saloniki, Izmir und Aleppo. So manches Lokal bietet in der monumentalen Kargheit anatolischer Volkshallen Küche von höchster Kunst, gleichsam eine fürsorgliche Türkenbelagerung, wie man sie sich köstlicher nicht denken kann. Und Mittelsleute halten das Pleskavica am Yppenplatz für das großartigste diesseits des Balkan. Politik spielt hier im ökumenischen Raum jenseits der Kulinarik eine periphere Rolle. Allerdings auch eine anheimelnde, im Café International etwa, mit Internetanschluss, der hier weniger als Spielzeug denn als Demonstration der internationalen Solidarität revolutionäre Botschaften empfängt und versendet. Zumal wenn am Samstag der ganze Platz von den Bauern belagert wird, die aus dem Waldviertel, dem Burgenland, dem Marchfeld und dem Wienerwald die schlichten Köstlichkeiten eines funktionierenden Bauernlandes feilbieten.

Dennoch sind es zwei Urwiener Institutionen, die auf dem Brunnenmarkt die Welt zwischen Süß und Sauer auseinander- und zugleich zusammenhalten. Da ist einmal der Krauterer Meindl – nicht zu verwechseln mit dem piekfeinen Meinl am Graben, den die Wiener aber genauso aussprechen. Hier ist die volkstümliche Grundkonzeption alles eingelegten und marinierten Gemüses zu haben, offen, in Alte-Damen-Häppchen und in riesigen Gläsern, nach beschriebener Variante. Und kaum fünfzig Meter davon ein süßes Paradies: In einem nagelneu renovierten Pavillon residiert die Mutter des Betreibers der Marmeladenmanufaktur Staud. Staud's, der Inbegriff der delikaten Konfitüre, der die Wiener Tugend besonders schön pflegt, süße Sachen nicht zu übersüßen, sie im eleganten Rahmen ihrer säuerlichen Fruchtkomponenten zu halten. Frau Staud plaudert gerne über die Sonderkreationen, die ihres Sohnes Manufaktur gleich ums Eck für die schniekesten Feinkosthändler Deutschlands und halb Europas einkocht. Rezeptgeheimnisse sind ihr allerdings nicht zu entlocken. Hier sind dies die besseren, unaufdringlichen Nuancen in einem vielfältigen Kosmos der Geschmäcker und Düfte, bei denen der Begriff »exotisch« durchaus andere Interpretationen erfährt, als was man sonst gemeinhin darunter versteht: Erdbeer mit grünem Pfeffer, Ingwer mit Quitte, Confit aus burgenländischem Wein …

Viktor-Adler-Markt und Brunnenmarkt lohnen schon deshalb den Ausflug in die Vorstadt, weil der Gast hier auch wirklich jenen begegnet, die heute Wien ausmachen. Diese mit vielen autonomen Subzentren gesegnete Stadt ist jedenfalls an Physiognomien, Charakteren und Zungen allein in der City kaum zu erfahren, die Lebenswirklichkeit, in ihrem derben und lieblichen, befremdlichen und anrührenden Ausdruck begegnet uns eher in der Vorstadt und erst recht auf deren Märkten.

Stilles Wasser

Wer wagte schon, Wien das Wasser zu reichen? München vielleicht mit seinem frisch-mineralischen Trank aus dem alpinen Loisachtal. Wiener Wasser – frisch, kühl, köstlich. Wiener Wasser ist Mythos. Man brauche es nur in Flaschen zu füllen, und es ließen sich dafür gute Preise als köstliches Tafelwasser erzielen, raunen sich Kenner und Feinspitze zu. Wiener Wasser ist im Sommer zwar oft zu warm. Wiener Wasser ist auch zu mineralarm, um die Champagner-Qualität zu haben, die man ihm nachsagt; so mineralarm, dass es nur knapp über jener Grenze liegt, unter der es für Säuglinge und Kleinkinder als Nahrungsmittel ungeeignet würde. Doch köstlich ist es allemal. Und nichts verkalkt. Nicht einmal Wasch- und Spülmaschinen, obwohl die Industrie für Säuberungsmittel und andere Formen der Umweltverschmutzung uns anderes weiszumachen versucht.

Wiener Wasser kommt aus der Steiermark, über zwei erstaunliche Aquädukte, über Hunderte von Kilometern. Es entströmt karstigen Arealen der Kalkalpen; Lebenselixier aus dem Toten

Gebirge. Es fließt, oberirdisch zumeist, ohne eine Pumpe zu benötigen bis in die Metropole. Und Wiener Wasser ist ein willkommener Hebel für die Steirer, bei regelmäßig wiederkehrender Gelegenheit die arroganten Hauptstädter ein wenig zu sekkieren. Alle zehn Jahre ungefähr entbrennt ein politischer Disput, ob es nicht angezeigt und an der Zeit sei, dass die Steiermark eine Wassersteuer erhebe. Man müsse sich ordentlich entgelten lassen, dass das kostbare Nass aus den Grenzen der Grünen Mark herausgeführt und an anderer Stelle massenhaft verbraucht und Gewinn bringend vermarktet werde. Die Steirer fordern die Wassersteuer regelmäßig aufs Neue, lassen sich dann immer wieder besänftigen und sind am Ende eher stolz darauf, dass das so köstliche und gepriesene Wiener Wasser in Wahrheit steirisches Wasser ist.

Wiener trinken viel Wasser, und sie können es sich leisten, denn sie haben viel Wasser. Die beiden Leitungen aus dem Hochgebirge, imposante Ingenieurleistungen des ausgehenden 19. Jahrhunderts, hatten eine ganz andere Stadt der Zukunft im Auge als das Wien, das sich heute präsentiert. Damals hatte Wien 2,2 Millionen Einwohner, sah sich ständigen Zuwanderungen aus allen Teilen der gewaltigen Donaumonarchie ausgesetzt, rechnete damit, binnen weniger Jahrzehnte auf drei Millionen und mehr anzuwachsen, fürchtete um Hygiene und gesundheitliche Wohlfahrt und suchte vorzusorgen. Heute, da die Stadt nur mehr etwa 1,6 Millionen Seelen zählt, zehrt sie von dem Weitblick jener Tage, der letztlich doch nicht ins Leere ging: Nicht die Einwohnerzahl ist so gigantisch gewachsen, sondern der Wasserverbrauch pro Kopf der Bevölkerung, wie überall in der so genannten zivilisierten Welt, gemessen an den Tagen des Leitungsbaus. Dennoch schaffen es die beiden Hochquellen noch immer, den ungeheuren Durst der österreichischen Hauptstadt problemlos zu stillen, selbst in heißen Sommertagen, wenn ganz Ostösterreich unter pannonischem Hochdruck ächzt und noch mehr nach Wasser lechzt als sonst.

Mit dem Wiener Wasser ist es ähnlich wie mit dem Wiener Kaffee. In einem Kaffeehaus einfach einen Kaffee zu bestellen, ist so ziemlich das Dümmste, was dem Fremden einfallen kann, und die wirkungsvollste Methode, auch den gutwilligsten Ober in schiere Verzweiflung zu stürzen: Will der Gast nun einen Mokka, Schwarzen oder Braunen, einen kleinen oder großen, eine Melange oder einen Einspänner? Immerhin sind die Kaffeehauskellner so zuvorkommend, indigniert den ahnungslosen Gast nach Art und Beschaffenheit des Kaffeewunsches zu fragen. Darin liegt immerhin so viel Respekt, dass dem Fremdling nicht unterstellt wird, aus so unzivilisierten Gegenden zu kommen, in denen ein Kaffee einfach ein Kaffee ist, ohne weitere Differenzierungen, ohne die kunstvollen Varianten, wie sie in der Weltkaffeehauptstadt Wien zelebriert werden.

Ungefragt bekommt man selbstverständlich ein Glas Wasser mitserviert, dessen tieferer Sinn noch zu ergründen sein wird. Bestellt man in Deutschland ein Wasser, dann bekommt man immer ein Mineralwasser, immer mit Kohlensäure. Abweichendes wäre, unter Murren des Personals, unverzüglich anzuordnen. Bestellt man in Wien ein Wasser, handelt man sich einen ähnlich fragenden Blick ein, allerdings weniger unfreundlich als beim Kaffee, denn man weiß sehr wohl auch hier zu differenzieren, in der Wassertrinkerwelthauptstadt Wien: Mineralwasser mit oder ohne Kohlensäure? Leitungswasser? Das wird üblicherweise übrigens nicht berechnet. Oder Soda, mit Kohlensäure versetztes Leitungswasser, das in der Wiener Trinkkultur eine herausragende Rolle spielt und an Wohlgeschmack durchschnittliches Mineralwasser weit übertrifft.

Noch ein Wort über das Glas Wasser zum Kaffee. Was gibt es nicht für Deutungen über den tieferen Sinn dieser willkommenen Beigabe. Es diene zum Neutralisieren des Geschmacks, es diene zum Abkühlen des Kaffees. Erst einmal dient es dazu, den Durst zu stillen, wozu eine Schale Kaffee natürlich nicht geeignet ist, die vielmehr zu den höheren Genussmitteln zählt. Im Glas Wasser drückt sich jedoch eine ganz andere, sehr schöne Geste aus. Eine Geste, die aus den orientalisch-mediterranen Gefilden kommen dürfte, denen auch Wiens Kaffeekultur entstammt, ist sie doch eine der angenehmen Hinterlassenschaften des einstigen Türkensturms in Mitteleuropa. Mit dem Kaffee hat man auch den guten Sinn für Muße zurückbehalten: Wer nämlich in einem Kaffeehaus eine Melange bestellt, erwirbt mit ihr die Generalerlaubnis, zu verweilen, dies für Stunden, für einen halben Tag, unendlich beinahe. Aufmerksames Personal liefert Stammgästen zu ein und demselben Kaffee das Leitungswasser glasweise nach, in einem nie versiegenden Fluss. Der ursprüngliche Sinn ist also der, den Gast neben dem zu zahlenden Getränk noch über einem Glas Wasser zu einer Gratis-Dreingabe einzuladen, als freundliche Aufforderung auf Dauer zu verweilen, auch wenn man nichts weiter gegen Entgelt zu verzehren gedenkt. Auch deshalb ist das Tässchen

Mokka oder der Große Schwarze so teuer in Wien – flankiert ihn doch in Gestalt des Wassers großherzige Duldung, endlos zu plaudern, Zeitungen zu lesen, zu dösen, zu sinnen, nach den Leuten zu gucken.

Sicher ist übrigens eins: Wiener Wasser ist Kaffeewasser. So sehr auch hier feine Leute den Tee schätzen – das so gerühmte Nass aus dem Hahn wird dem Kenner wahre Höhepunkte solchen Aufgusses verwehren. Kaffee gelingt mit Wiener Wasser einfach besser, die Düfte des Tees erschließt es nicht wirklich.

Der Tee ist so ziemlich das Einzige, was man in Wien üblicherweise in einem größeren Gefäß kredenzt bekommt. Schon das Glas Wasser zum Kaffee ist ein eher zierliches Gefäß. Ein Viertel Wein zu bestellen, ist eine eher volkstümliche, beinahe derbe Übung, die allenfalls in Heurigenlokalen angemessen scheint. Das Achtel ist das Maß der Wiener. Nicht, weil sie etwa dem Weine so mäßig zusprächen. Die Summe der Achtelgläser kann zu einem wahren Strom zusammenfließen, ein feucht-fröhlicher Abend in einem lauschigen Weingarten lebt von der Fülle der Sentimente und auch des Trankes. Aber ein Viertel? Mit solch einer Bestellung verrät sich der eher ungeschlachte Teutone, dessen häusliche Gepflogenheiten ohnedies oftmals mehr mit

Masse als mit Delikatesse zu tun zu haben scheinen, zumindest aus dem Blickwinkel der Wiener. Das Achtel hat noch den Vorteil, dass der Zecher den Abend lang zwangsläufig den Überblick verliert, sich das Zählen einfach nicht mehr verlohnt, weil man irgendwann nicht mehr mitkommt.

Ein Viertelglas wäre allenfalls angemessen für den so genannten Gespritzten, die Mischung aus biederem Schankwein und eben dem schon besprochenen Sodawasser, ein Hitze- und Sommergetränk ganz nach dem Geschmack der Hauptstadt. Zwar ist es nun umgekehrt ein Akt der Barbarei, Wein mit Wasser zu mischen, zumindest in Breiten nördlich der Alpen, wo die Rebensäfte nicht immer so wuchtig ausfallen, dass sie schon der durchschlagenden Alkoholwirkung wegen gezähmt gehörten. Aber die Wiener haben sich erfolgreich dieses Getränk eingeredet, haben es zu einer Art kultischem Weihwasser für laue Sommerabende werden lassen, um so der miesen Qualität nicht gewahr werden zu müssen, die üblicherweise normalen Schankwein im Heurigen kennzeichnet. Wien ist nicht nur die größte Gemeinde der Welt, in deren Grenzen in großem Stil Wein angebaut wird, in der es neuerdings sogar herrliche Tropfen zu kosten gibt: Im Normalfall präsentiert sie sich als Welthauptstadt des schlechten Weins. Tendenzen zur Besserung.

Zur Besserung? Die Tatsache, dass sich die Österreicher nach dem denkwürdigen Glykolskandal des Jahres 1985 tatsächlich für Wein und dessen Qualität zu interessieren begonnen haben, ist mancherorts längst in Obsession umgeschlagen. Bestimmte kapriziöse Weinhandlungen oder Trinkstuben haben längst auch schon sogar das schmale Achtel als eher barbarische Größenordnung hinter sich gelassen und schenken nur noch in Sechzehntel-Portionen aus. In oft riesigen Gläsern, dass die darin schwankende Flüssigkeit sich eher als Cognac ausnimmt – oder gar als Arznei, an der Dosierung gemessen. Dies weniger, weil sie ihre Kreszenzen in größerer Quantität nicht für zumutbar hielten, sondern weil sie im Rahmen dieses Quantums deren Preis besser zu verschleiern vermögen. Zu welcher Wegelagerei sich das Weintrinken indessen in einer Stadt entwickelt hat, in der der Wein einstens eine preiswerte Ingredienz der Volkskultur gewesen ist, soll beispielhaft an den ersten Zwingburgen des liquiden Raubrittertums gewürdigt sein: Einst der Trinkkultur höchst förderliche Institutionen agieren heute als eine Rotte von Tröpfchenzählern, die es wagt, dem unvorbereiteten Gast das Achtel zu knapp unter dreißig Euro (sic!) vorzusetzen. Mit steigender Tendenz. Mit einer artistischen Kalkulation im Übrigen, die »erhöhte Glasbruchgefahr« edler Gefäße als beträchtliche Größenordnung mit einbezieht, als gehe es darum, beim Branntweiner sich einen Rausch anzusaufen, und davon ausgeht, dass ein wohlerzogener Gast schluckt, was auf den Tisch kommt, koste es was es wolle.

Solche Exzesse drücken dennoch nicht die angenehme Kategorie des Kleinen, des Eleganten, die sonst Wiens Getränkekultur prägt. Den normalen Wiener würgt regelrecht der Gedanke an die bayerische Maß, den Literkrug fürs Bier. Das »Krügerl«, in Wien heißt man so das Halbliterglas, ist ja ebenfalls bereits Ausdruck eher derberer Volksbelustigung, ist keineswegs das Gefäß kultivierten Trinkens. Seltsam, wie zierlich die Wiener mit den eher mittelmäßigen Qualitäten ihres Bieres umgehen, indem sie es im »Seidel« oder »Seiterl« zu sich nehmen, der kleinen, schlanken Portion von 0,33 Litern. Dies tun die Wiener, obwohl das Getränk in diesen Margen weit teurer kommt als im großen Humpen. Aber sie tun es um des besseren Genusses wegen, denn in diesem Quantum schalt nichts so schnell ab. Kein Wiener jedenfalls käme darauf, schon mit dem Gefäß Kampftrinkerqualitäten zu signalisieren und es auf Rekordmengen abzustellen. Im Gegenteil: So manches Lokal bietet auch noch den »Pfiff«, das grazile 0,1 Gläschen, als das angemessene Schlückchen zu einem ebenso zierlichen Imbiss.

Der sensible Umgang mit dem Bier bekommt auch allmählich seinen würdigen Inhalt. Die Braukultur des Landes hatte bislang ihre Entsprechung in dem Unverstand, Bier wahrhaftig zu pflegen. Denn wiewohl im kleinen Gefäß kredenzt, sind die Schankgepflogenheiten doch sonst oft so rüde, dass ein frisch gezapftes Seiterl manches Mal anmutet, als stünde der Saft schon Tage im Glas. Kommt eines aber mit schönem, dauerhaftem Schaumhaupt und mundet in bittersüßer Heiterkeit, dann darf man sicher sein, dass am Schanktisch ein Böhme waltet. Neuerdings fließt sogar aus dem Zapfhahn Originelles und Originales »von drüben«: Bier aus Budweis oder Pilsen, aus Prag oder gar aus Velke Popovice, der spritzige Bock aus dem mittelböhmischen Großpopovitz. Es greift an Beliebtheit raum, ohne dass einer den Velkopopovický Kozel, den Großpopovitzer Bock je korrekt auszusprechen vermocht hätte. Auch in der Ignoranz kann Delikatesse liegen. Aber das mit der böhmischen Verwandtschaft ist sowieso ein ganz anderes Wiener Kapitel.

Vindobona

Zu jenen Zeiten, als die Welt noch zweigeteilt war in einen guten Teil und das Reich des Bösen, das jeweils auf der anderen Seite lag, wenn man von Ost nach West oder von Westen nach Osten blickte, war Wien zweifellos das komfortabelste Spionagenest rundum. Damals war noch völlig ungeklärt, was Wiens sprichwörtliche Position gewesen wäre, die auch heute noch nicht eindeutiger ist: der östlichste Vorposten des Westens oder der westlichste Vorposten des Ostens? Hier tummelten sich Agenten und Spione zu Tausenden. Hier tauschte man Informationen und geheime Daten, oder solche, die man für geheim hielt oder ausgab, um mit ihnen gute Geschäfte zu machen, wie man anderwärts Briefmarken tauscht oder Münzen oder Telefonkarten. In Wien gab es einige Örtlichkeiten, in denen konnte jedermann die Crème der fest in der österreichischen Hauptstadt residierenden Spione beim alltäglichen Leben beobachten, also dabei, wie sie konspirativ tätig wurden.

Der prominenteste Ort dieser Art, gleichsam ein Schnittpunkt der Weltaufklärung, ein Schnittpunkt aufkeimender Weltkrisen oder auch der Schnittpunkt der Bemühungen, die am selben Ort heraufbeschworenen Krisen gleich wieder zu besänftigen, war das »Smutny« in der Elisabethstraße gleich bei der Oper ums Eck. Wer wollte, konnte hier am immer gleichen Tisch die Herren von KGB, CIA, Bundesnachrichtendienst, auch jene der Geheimdienste des nahen Jugoslawiens und aller anliegenden Bruderstaaten der Sowjetunion, aber auch die Spione aus den arabischen sowie Öl produzierenden Staaten – in Wien residiert ja auch die OPEC, in der sie zusammengeschlossen sind – beim subversiven Handeln beobachten. Sie bevorzugten Frittatensuppe, Backhuhn oder Tafelspitz. Steirisches Wurzelfleisch galt bereits als sehr exzentrisches Mahl, während man einander Geheimstes aus den faltigen Rockschößen der Weltgeschichte zuraunte: Nur nicht auffallen, war ja die Devise. Das »Smutny«, dessen tschechischer Name übersetzt so viel wie »traurig« bedeutet, wirtschaftet heute noch, nachdem die Weltenteilung in Gut und Böse nicht mehr so einfach vorzunehmen ist, dennoch wird hier immer mal wieder ein alter Bekannter gesichtet, während dieser natürlich glaubt, niemals enttarnt worden zu sein: Dieses schöne Lokal mit der original bunten Verkachelung, wie sie die böhmischen Gaststätten um die Jahrhundertwende aufwiesen, und mit der riesigen Kuckucksuhr an der Wand, deren Stundenvogel immer nur kurz und verängstigt heraushuscht, weil über ihm ein riesenhafter Holzadler mit gespreizten Schwingen darauf lauert, sich den Sänger einzuverleiben, diese Gaststätte also verwaist dennoch einigermaßen, zumindest was die alte Klientel anbetrifft.

Dass einstens hier die Geheimdienstler aus aller Welt ein so fröhliches Dasein fristeten, lag an einer heute noch gültigen Besonderheit des österreichischen Strafgesetzbuches. Wie im Strafrecht eines jeden Staates in dieser Welt verbietet das österreichische jedwede geheimdienstliche Tätigkeit, freilich mit dem Zusatz, »sofern diese den Interessen der Republik Österreich schadet«. Dieser kleine Zusatz war es, der den speziellen Diensten aus aller Welt die Dinge so erleichterte – und auch der österreichischen Staatspolizei, deren Auftrag es war und ist, festzustellen, ob dieses Treiben den Interessen der Republik schaden könne oder vielleicht sogar dienlich sei. Man hat die Geheimdienstler einfach schalten und walten lassen, um sie besser im Auge behalten zu können. Die Spione trieben ihr Wesen denn auch so ungeniert und offen, dass niemand ihr Tun übersehen hätte können, der sich dafür interessieren wollte. Wohl keine Abwehr in der Welt kannte ihre Pappenheimer so gut wie die österreichische, weil sie die Leute einfach in Ruhe ließ, was diese in leichtfertiger Offenheit ihre Spielchen vor den Augen der österreichischen Abwehrbehörden spielen ließ. So gab es in Wien eben Spionenstammlokale wie anderwärts solche der Handelsdelegierten oder Auslandskorrespondenten, wie auch Warenvertreter oder Burgschauspieler ihre Stammtische einrichten.

Nach Kenntnis des Autors, dessen diesbezügliche Anfragen bei der österreichischen Staatspolizei stets aufs Höflichste unbeantwortet blieben, war zumindest eine Spionennation an den Wiener Stammtischen der Geheimbündelei nie wirklich vertreten: die Deutsche Demokratische Republik. Die Beziehung der DDR zu Österreich war eine ganz besondere. Ostberlin hatte andere Beobachtungsposten, andere Zugänge, pflog andere Kanäle, fuhr andere Schienen, buchstäblich. Ostberlin suchte die Republik Österreich auch nie zu kompromittieren. Es gibt Kategorien der Dankbarkeit, die in der angeblich so unberechenbaren Welt der Politik weit größere Gültigkeit haben als unter Menschen, normalen Menschen eben. So hatte das äußerst zurückhaltende Auftreten der DDR in ihren legalen und illegalen Abgesandten in Österreich immer etwas Eigenes: Hatte doch dieses Land 1970 die von der feindlichen Bonner Republik etablierte so genannte Hallstein-Doktrin durchbrochen, die besagte, wer die Deutsche Demokratische Republik anerkenne, werde unverzüglich von der ihren Alleinvertretungsanspruch pflegenden Bundesrepublik Deutschland geächtet. Wiens damaliger Bundeskanzler Bruno Kreisky, ein Großer in Österreich und ein Großer unter den Sozialdemokraten und den Staatsmännern dieser Welt, hatte seinem politischen Freund Willy Brandt, einem Großen in Deutschland und einem Großen unter den Sozialdemokraten und in der Welt, dem diese eherne Regel dumm und hinderlich für seine Ostpolitik schien, damit einen Gefallen getan, statt ihm zu schaden, so wie es vordergründig ausgesehen haben mochte. Das blieb seltsamerweise bedeutungslos in diesem Zusammenhang, obwohl sich das auch bis in die DDR herumgesprochen hatte, die dennoch in ewiger Dankbarkeit verharrte.

Dieser Dank der Ostberliner Potentaten an Österreichs Adresse war vielfältig, und eine besondere Gunst, die darob gewährt wurde, war verkehrstechnischer Art: Ostberlin gestattete, eine direkte Zugverbindung zwischen Wien und

Berlin einzurichten, einen Eisenbahnzug namens Vindobona, der zwischen Berlin-Lichtenberg, also einem der großen Bahnhöfe der DDR-Hauptstadt, und dem Franz-Josephs-Bahnhof in Wien hin- und herpendelte. Dieser Zug war gleichsam ein Monument auf Schienen der besonderen Beziehungen zwischen der Deutschen Demokratischen Republik und der Republik Österreich, ein Vorreiter der weltgeschichtlichen Akzeptanz für die DDR, zumindest aus Ostberliner Sicht.

Der Zug fährt heute noch. Allerdings auf veränderter Strecke und unter ziemlich veränderten Bedingungen. Denn er wird heute von einem Speisewagen der Tschechischen Staatsbahnen begleitet. Das Original hingegen hatte einen Speisewagen der DDR-Gesellschaft Mitropa. Dessen beide Besatzungen, zwei Mannschaften von etwa sieben Köpfen, die sich zwar ständig abwechselten, aber immer die gleichen Personen blieben, bildeten gleichsam die Seele des Unternehmens. Schon immer, zumal zu kommunistischer Zeit, fiel auf, dass dieser Gaststättenwagon irgendwie nichts mit dem Verzehr von Speisen und Getränken zu tun haben wollte, dass es mit dem Service nie richtig klappte, dass man im Speisewagen um einen Toast oder ein Stück Brot zur Suppe ausdrücklich bitten musste.

Zu bedenken wäre, dass dieser Zug die längste Zeit weniger als Verkehrsmittel, denn als politisches Programm verkehrte. So fuhr er die ersten Jahre sogar plombiert durch die ebenfalls kommunistische, damals noch real existierende Tschechoslowakei, so vertrauensvoll war das Verhältnis der Bruderstaaten zueinander, durchquerte also das Nachbarland wie eine verriegelte Kühlbox, damit ja niemand sich dieses Mittels als Fluchtweg oder zu anderen destruktiven Zwecken bedienen konnte. In dieser Zeit reisten naturgemäß nur sehr wenige Menschen zwischen Berlin und Wien hin und her. Warum sie dies taten, weiß heute kaum mehr jemand, vielleicht um das Millionenvermögen der Österreichischen Kommunisten gewinnbringend anzulegen. Jedenfalls interessierte sich niemand dafür, außer natürlich die Stasi, Ostdeutschlands Staatssicherheitsdienst, aufs intensivste. Und so kam es, dass diese beiden sich abwechselnden Speisewagenmannschaften zweifellos als Horchposten weit effektiver waren denn als Verköstigungsinstitution. Denn so wenig man eine sachgerechte Bedienung im Mitropa-Speisewagen selbst erfahren konnte, so ausführlich fuhr der rasselnde und flaschenklimpernde Servicewagen durch den Zug, fast alle zehn Minuten, mit Radeberger Bier und miserablem Kaffee, mit vertrocknenden Sandwiches nebst sorgsam abgezählten Blättern von der Gewürzgurke. Es ging darum, ein waches Auge und Ohr auf die wenigen zu haben, die hier überhaupt mitfuhren, zumeist immer wieder dieselben Leute. Selbst später, als man den Zug aufschloss, als er nach der atemberaubenden Passage durch das Elbsandsteingebirge in Städten wie Ústí, Prag, Tabor und Budweis anhalten durfte, vergrößerte sich der Kreis derer, die mitfuhren, nicht wesentlich. Nur wurde umso intensiver gehorcht, die Tätigkeit der DDR-Spione geriet in eine Art Rastlosigkeit, um ja noch die letzten Gedanken jener wenigen Reisenden zu erhaschen, so dass der letzte brauchbare Rest gastronomischen Bemühens endgültig versiegte.

Nach der großen mitteleuropäischen Wende führte das zu einer der seltsamsten permanenten Theatervorstellungen, die die Weltgeschichte vorzuweisen hat. Denn fortan, als die DDR sich bald anschickte, aus der Geschichte zu entschwinden, pendelten plötzlich die beiden Stasi-Mannschaften mit dem entpolitisierten Zug zwischen Berlin und Wien tatsächlich als die Bediensteten einer Verköstigungsinstitution. Ihre eigentliche Sendung, nämlich die innersten Gedanken und vordergründigsten Motive der Reisenden auf der Strecke DDR–Tschechoslowakei–Österreich zu erkunden, war hinfällig geworden, und schon um die eigene, nunmehr diskreditierte Identität als staatsoffizielle Lauscher nicht preiszugeben, schickten sich die Zugkellner in ihr plötzlich profanisiertes Schicksal.

Was für eine vergnügliche Metamorphose, durfte der häufiger Reisende doch miterleben, wie eingefleischte Horcher plötzlich noch das sachgerechte Servieren einer Suppe zu erlernen suchten, natürlich Suppe »Solyanka«, das durchaus schmackhafte Leitfossil der DDR-Gastronomie. Sie bedachten plötzlich, dass das Brot gleichzeitig zur Suppe zu liefern sei und nicht erst auf mürrische Mahnung hin. Versuche waren sogar zu beobachten, die Gläser für das feine Wernesgrüner Bier, das es gab, wenn das ganz feine Radeberger aus war, so zu spülen, dass sich der Ansatz einer Schaumhaube erhob, was es vorher nie gegeben hatte. So pendelten in stiller Verzweiflung und Ergebenheit zwei entwurzelte und ihrer Sinngebung entkleidete Einsatzgruppen von Agenten noch zwei Jahre in einem Zug zwischen zwei verschwundenen Welten hin und her, in einem Zug, der den lateinischen Namen der Stadt Wien trug.

Ins »Smutny« sind die Stasi-Leute nie gegangen. Ihre karge Zeit in Wien haben sie zumeist damit verbracht, Wortprotokolle zur verfassen, über Leute, die sie ja schon seit Jahren, fast Jahrzehnten kannten und dies besser, als die Ausgehorchten sich selbst. Ihr tragisches Schicksal nahm ein abruptes Ende, als dieser Zug plötzlich nicht mehr über Tabor, Budweis und Gmünd nach Österreich und dort über Siegmundskron und Tulln nach Wien rollte, sondern eine neue, schnellere, langweiligere Route über Brünn zum Wiener Südbahnhof, Abteilung Ost, nahm. Von Stund an rollte auch ein tschechischer Speisewagen mit, samt Kellnern, die diese Profession zumindest oberflächlich ernst zu nehmen gewillt waren. Die beiden letzten intakten Stasi-Zellen verschwanden mitsamt ihrem Mitropa-Wagen so erst Jahre nach dem Ende der DDR im dunklen Raum der Geschichte.

Sandkastenspiele

In einer Kaffeetasse reisen? Am Wienerberg kann man ein ganzes Service zwecks Fortbewegung besteigen. Zwiebelmuster. So ungefähr wenigstens, blauweiß auf jeden Fall. Reisen und Kreisen im klassischen Geschirr, familienweise, ist eine Vergnügung, die nur der Böhmische Prater bereithält. Die Kaffeerunde präsentiert sich in Gestalt eines Karussells, eines Ringelspiels, wie die Wiener sagen. Gemächlich hebt und senkt es seine Gäste, zieht Kreise mit ihnen, und die ganz Vergnügungssüchtigen können sich noch einmal in der Tasse selbst in Drehung versetzen. Das Ganze kreist im Klang eines mächtigen Orchestrions, dessen rasselnde Mechanik die Trommeln und Trompeten mit einem Schnaufen und Schnarren zum Tönen bringt, wie es einem fossilen Musikautomaten gebührt. Sein Tschinderassabumm ist bestes Zeichen, dass der Betreiber der Raupe nebenan gut gelaunt ist, hinter dessen Rundgefährt das mächtige Instrument Aufstellung hat: Der knipst die Blasebälge und die bunte Glühbirnenkulisse an, und es ist eine Lust von hinten in die Eingeweide des kolossalen Geräts zu spitzen und die Dorne des Melodiekastens zu beobachten, wie sie die Tonreihen in den großen, gefalteten Lochstreifen abgreifen, um Musik daraus zu machen.

Die Raupe selbst ist ein nicht minder Ehrfurcht gebietendes Gerät, um die achtzig Jahre alt, eine überraschend rasante Berg- und Talbahn von schlichter Simplizität. Die schönste Weltraumfahrt gleich nebenan: Ein Geschwader pummeliger Raketen mit allerliebsten kleinen Propellern vorne am Bug, gleichsam die patinierte Hochtechnologievariante des Kettenkarussells von einst. Selten, dass dem Entzücken der Kinder über gemächliche Fortbewegung und unaufgeregtes Abenteuer – auch die alte Waldeisenbahn hat dergleichen Qualitäten – das der Erwachsenen entspricht, Entzücken über die Phantasie zur schlichten Vergnügung, über die innere, noch deutlich nachvollziehbare Beziehung von Lust und Technik, das innere Jauchzen über unaufgeregte, stille Sensation.

Im Böhmischen Prater werden noch Langos gebacken, günstigstenfalls mit einer dicken Knoblauchpaste bepinselt, ein Leitfossil der wienerischen Volksfestverköstigung. Langos sind große, leichte Teigfladen herzhafter Natur, die ganz frisch genossen sein wollen, denn dieses erst luftige und knusprige pannonische Gebäck verwandelt sich mit jeder Sekunde, die man mit dem Verzehr zögert, in eine fette, zähe Lederflade von atemberaubender Widerwärtigkeit. Das hindert manche Langosbäcker nicht, ihre Fladen in hohen Stapeln auf Vorrat zu halten, wobei die Fettsättigung durch die Gesetze der Schwerkraft in den unteren Schichten ein angsteinflößendes Maß erreichen kann. Mit welcher Selbstverachtung mancher Gast solche Wuchträder in sich hineinschlingt, nötigt doch einige Bewunderung ab. Es gibt sogar Magenakrobaten, die verlangen ausdrücklich nach jenen alten von ganz unten.

Es gibt kaum eine mildere Form des familiären Vergnügens als den Böhmischen Prater. Dieses Areal von gemächlicher Schlichtheit, Amüsement des Einfachen und Einfachsten hat sich erhalten seit den Tagen, da auf dem Wienerberg die Laimgruben lagen und gleich nebenan die Ziegeleien, mit deren Backwerk das ganze Zuckerzeug des neueren imperialen Wien aufgeführt wurde, wie es das ausgehende 19. und das beginnende 20. Jahrhundert aufgetürmt haben. Der Habitus dieser metropolitanen Bau- und Putzsucht am Ring rund um die alte Stadt gegenüber den armseligen Quartieren der Ziegeleiarbeiter am Wienerberg und in den näheren Neustädten entsprach und entspricht ziemlich genau dem Kontrast, den einstens – und manchmal auch noch heute – der große, einst prächtige Prater und sein kleiner Namensvetter geben. Dort, wo heute das Riesenrad seine Wahrzeichenrunden dreht, war es, noch bevor der eigentliche Wurschtlprater sich als Lunapark etablierte, ein Protzen und Gockeln, dass man schon mächtig Eintritt zahlen musste, um die weiträumige, in dunklem Grün atmende Parkanlage betreten zu dürfen. Ziegeleiarbeiter, aber auch Köchinnen, Ammen, Dienstmädchen, Hausbesorger, die wären dort nicht gelitten gewesen, hätten auch einen Wochenlohn hinlegen müssen, um überhaupt hineinzukommen. Die Servus-Habed'ehre-Küssdiehand-Gesellschaft, die gelackten Nobilitäten schlossen sich ein in diesen Zirkus der arroganten Eitelkeiten, beanspruchten wie kaum in einer anderen Metropole des alten Europa eine ganze isolierte Welt für sich, die sie gravitätisch in Prunkkaleschen durchquerten, einander vordergründig höflich grüßend, einander insgeheim neidisch nach den Attributen neuesten Luxus und exaltiertester Moden ausspähend. Zwar verkam er dann allmählich, setzte diese heute so anheimelnde Patina an. Schon zu Habsburgs Zeiten wünschte sich so mancher adelige Geck mehr weibliches

Jungvolk im Prater, sorgte für duchlässigere Gepflogenheiten, um dem sonst kaum auslebbaren Hang zum Personal obliegen zu können. Ein teures Vergnügen blieb er dennoch immer, auch als so genannter Volksprater.

Die dienstbaren Geister, die Domestiken und Arbeiter, die suchten sich ihr eigenes kleines Vergnügen, Leute ihrer Klasse bauten am Wienerberg, nicht weit von Lehmlöchern und Brennöfen, ihren eigenen Prater, den aufzusuchen den feinen Pinkeln nie eingefallen wäre. Er war auch so billig, dass man sich noch ein kleines Extra jenseits des hermetischen Ausbeutungssystems leisten konnte, das die Arbeiterfamilien zwang, ihr Geld in dem Arbeitgeber gehörenden Wirtshäusern und Läden wieder zurückzugeben. Und weil die Domestiken und Ziegelbrenner nun mal zumeist Tschechen waren, Böhmen also, so entstand der Böhmische Prater. Die betont egalitäre, proletarische Art stiller Vergnügung. Das heißt, so still wird diese Vergnügung nicht immer gewesen sein. Denn den Wochenlohn, den sie sonst hätten investieren müssen, um in den Prunkprater zu kommen, hätte man sie denn gelassen, den haben so manche Ziegelböhmen trotzdem verjuxt, in den Heurigenlokalen und zum Tanze ladenden Schutzhäusern am Wienerberg und in den Schnapskasinos, die sich in den elenden Quartieren wie Metastasen des Krebsgeschwürs Armut wuchernd ausbreiteten. Diese Schnapskasinos hat es in allen Industriearealen des deutschsprachigen Raumes gegeben, in und um Nürnberg, in und um Berlin, im Ruhrgebiet, an der Saar und natürlich auch in Wien, wo Millionen herbeiströmten, um der bäuerlichen Plackerei zu entkommen und ein wenig von den Segnungen der neuen Zeit zu profitieren, um in noch viel schlimmere Plackerei zu geraten. Ihre ländlichen Gepflogenheiten haben sie mitgebracht, gerade, was das Essen und Trinken anbetraf, und da war in der Hauptsache der Schnaps Nahrung und Droge zugleich. In jenen Tagen des 19. Jahrhunderts, als die Ringstraße die Wiener City neu umgürtete, da bestanden dreißig bis vierzig Prozent der Energiequellen der Arbeiterschaft aus Alkohol, dieser war also Grundnahrungsmittel. Gewohnheit und Not diktierten solche Speise und der Wunsch nach Flucht aus der elenden Fron, aus der Welt, die für die Mährer und Mittelböhmen, für die Kroaten und Banater, die Transkarpatier und Walachen so erstrebenswert bunt und reich und zukunftsvoll ausgesehen hatte und die dann an Ort und Stelle so furchtbar staubig, so grau, so quälend und dürstend ausgefallen ist.

Es muss sehr viele Menschen gegeben haben

damals, die in jene Kategorie gehörten, die die Wiener heute noch als Sandler titulieren. Sandler? Was für ein seltsamer Name für jene Ausgeschiedenen und Ausgespienen einer auf fugenlose Funktionalität erpichten Gesellschaft. Am Sand zu sein, das sagt, ganz unten angekommen zu sein, nicht nur beim untersten Langos in dem fetten, widerwärtigen Stapel, auch ganz unten in den widerwärtigen Gefilden des Menschseins, ohne Obdach, seelisch und materiell. Selbst in besten Kreisen Wiens heißt es irgendwann, »der ist am Sand«, wenn man von einem sagen will, der ist am Ende, kurz vor dem Exitus, geschäftlich ruiniert, psychisch zerrüttet, gesellschaftlich erledigt, der vegetiert ganz unten. Dem Pariser der Clochard, dem Berliner der Penner, dem Münchner der Wermuthbruder – dem Wiener der Sandler.

Dabei verkennen die Wiener meist, welche geheime soziale Kraft, welche letzte menschliche Obsorge, welche stille proletarische Solidarität in diesem Wesen liegt, dem Sandler, zumindest in seiner Herkunft und seiner Benennung. Solche Existenzen waren natürlich am Wienerberg zu Hause, torkelten durch den Böhmischen Prater zum Verdruss der um aufrechten Gang bemühten einfachen Leute, grölten aus den Schnapsbuden. Existenzen, die, bot ihnen einer eine Suppe an oder ein fettes Langos, den Mildtäter mit der ironisch-resignierten Bemerkung antworteten: Das bisschen, das ich esse, kann ich auch saufen.

Und wovon kauften sie den Fusel, den damals verzweifelt sauren Heurigen? Sie verdienten noch, ja, sie verdienten noch immer ihr (flüssiges) Brot selbst, und sei es auf bescheidenste Weise. Ziegelbrennen ist wie Brotbacken, wie Kuchenbacken. Soff einer, dann rutschte er allmählich in der Hierarchie der Ziegelbrenner hinunter, durfte nicht mehr Masse mischen, nicht mehr Teig rühren, durfte nicht mehr Brennöfen heizen, nicht mehr glasieren, schon gar nicht mehr stapeln oder kutschieren, denn da entstanden die größten Schäden, wenn eine Fuhre in sich zusammenbrach, weil einer von der geraden Linie nichts mehr wusste. War einer so versoffen, dass er für all das nicht mehr taugte, also auch auf dem Bau für Handlangerdienste nicht mehr zu brauchen war, dann kam er auf das, was noch jeder Bäcker benötigt, ob er nun Lehm oder Brot bäckt: So wie man eine Brotform vor dem Backen mit Mehl ausstäubt, damit der Laib, reif und knusprig, am Ende unversehrt wieder aus der Form stürzt, so wird die Ziegelform, wurde sie damals wenigstens, Stück für Stück mit Sand ausgestäubt, damit der Backstein sauber aus der Form stürzt – und das Sandstreuen konnte auch noch einer, der seine Sinne kaum mehr beisammen hatte, da war wenig Präzision gefragt und der linkischste Schwung war gerade noch genug: Dann also war einer »auf den Sand« gekommen, angekommen bei der letzten, nichtswürdigsten aller Tätigkeiten in der Brennerei. Aber er arbeitete noch, wenn auch am Sand, er verdiente noch seine Brosamen, konnte so Reste seiner Würde wahren, als letztes, aber immer noch nützliches Mitglied jener unendlichen, grauen Kette der Werktätigen, denen es aufgegeben war, die Pracht des imperialen Wien zu errichten.

So sind erst die Ziegelböhm' und dann alle Wiener auf den Sand und dann auf den Sandler gekommen, sprachlich natürlich nur, der einstens noch immer und bei allem Elend als ein nützliches Wesen, als einer mit Lebensrecht in dieser Stadt akzeptiert wurde. Es wäre Zeit, sich dessen in unseren kalten Tagen tätig zu erinnern.

Große Fahrt

Spät, wenn sie aussteigt, ist sie oft rechtschaffen müde. Manchmal ist sie Tausende von Meilen gefahren, ohne Halt, ohne sich um die Dinge am Wege zu scheren, ohne umzuschauen. Manchmal, wenn sie sich nach Stunden herausrollt hinter dem Steuerrad, dann ist sie noch munter, könnte noch lange weitermachen, aber irgendwann muss ja Schluss sein. Manchmal ist der Highway voll von Zocklern oder Raufbolden, von Verzagten oder Albernen, dann gilt es aufzupassen wie der Teufel, da könnte es schon mal ordentlich rumsen, man weiß ja, wie schnell so was geht. Aber nicht mit ihr: Saskia ist noch jedem ausgewichen, jeder Gefahr entronnen, hat immer unbeirrbar ihr Ziel vor Augen und ihre große Fahrt im Griff. Saskia macht keiner klein. Manchmal liebt sie es, wenn niemand sonst unterwegs ist, sie fast allein ihre Strecke zieht und nur gelegentlich einer entgegenkommt oder den Weg kreuzt. Manchmal, an grauen Herbsttagen, kann es schon sehr melancholisch machen, wenn sie völlig einsam unterwegs ist, manchmal sind das dann aber auch die schönsten Touren, ungestört, fernab, überirdisch. Nur im Winter, da geht nichts.

Saskia ist eine zierliche junge Frau, 23 Jahre alt, sagt sie, sie könnte auch 19 sein oder 25. Es gibt so eine ätherische Alterslosigkeit der Jugend, diese abgeklärte, etwas frühreife Alterslosigkeit, die auch ein so frisches Leben kleiden kann, wenn die Dinge klar scheinen, eindeutig vorgezeichnet, wenn Unbeirrbarkeit prägt. Die junge Dame, die sich zurückhaltend, aber doch wirkungsvoll im dezenten Schlanklook zu kleiden weiß, die ihr gerades, langes, aschblondes Haar wirkungsvoll zu werfen weiß, selbstbewusst und stolz, nie aber kokett, die junge Dame ist in der Verwaltung der Stadt Wien tätig, auf einer unteren Stufe noch, aber mir guten Aussichten für ein Amt dereinst im mittleren Dienst. Für ein Mädchen aus Kaisermühlen nicht schlecht, das aus einem der heute so prachtvoll anmutenden Gemeindebauten stammt, die durch eine viel beachtete Fernsehserie berühmt geworden sind, die man heute, wollte man dem Fernsehen glauben, gar für eine romantische, großzügige Idylle halten könnte, die die kleine Saskia aber als ein ziemlich zänkisches Kleinstbiotop erlebt hat mit so engen Horizonten wie die nächstgelegenen Dachgiebel, weshalb ihr ihr eigenes Stübchen in der Leopoldstadt im Zweiten Wiener

Gemeindebezirk, das sie vor eineinhalb Jahren bezogen hat, schon richtig wie freies Feld anmutet.

Die große Freiheit ist das natürlich nicht, aber immerhin. Die große Freiheit ist die große Fahrt, und dafür ist die Garçonnière in der Leopoldstadt ein strategisch günstiger Ausgangspunkt. In schlechten Zeiten geht sie ein, zwei Mal in der Woche auf große Fahrt, in guten Zeiten vier, fünf Mal, gelegentlich sogar jeden Tag, was Saskia zwar saumüde, aber dann auch richtig glücklich macht. Und wo ist sie nicht schon unterwegs gewesen. Am Anfang war es der Kaukasus. Der Kaukasus hat sie fasziniert, vielleicht weil man von dort so viel Wildes, Grausames gehört und Bilder gesehen hat von archaischen Landschaften im weitgeschwungenen kahlen Bergland. Bis Wladiwostok ist sie schon gekommen, das ihr aber irgendwie etwas nebelhaft geblieben ist, denn eines hat sie nie ganz einsehen können, wie eine Welt neuntausend Kilometer im Osten, eingeklemmt zwischen Jakuten, Mongolen, Chinesen, Mandschuren und Japanern, russisch sein soll, russisch sein kann. Verstehe das einer. Das mit Alaska hat sie verstanden: Da gehören weder die Russen noch die Amis hin, da ist die Welt der Schneehirsche und Eskimoindianer, wie sie die Leute dort nennt. Ja, Saskia weiß viel von den

Gegenden, die sie befährt, und Alaska durchquert sie gerne. Sie informiert sich vorher, denkt sich sogar manchmal eine Route aus, obwohl sie es eher liebt, drauflloszufahren. Bei einer Tour von Mittelamerika bis ins argentinische Patagonien und nach Feuerland hat sie sich sogar einen Plan gezeichnet, grob zwar, aber nützlich, nur mitgenommen hat sie ihn nie, sie hat sich dann doch eher auf ihr Gefühl verlassen und heute findet sie ihre damalige Genauigkeit ein bisschen albern.

Womit Saskia da eigentlich unterwegs ist, die Tausenden von Meilen, die gigantischen Magistralen durch Kontinente, Wüsten und die Zivilisationssteppe? Es ist kein Truck, keiner dieser mit barockem, glänzenden Firlefanz aufgemöbelten Amifilmlaster, das ist was für pubertierende Bengel, mit denen sie sowieso genug zu tun hat, viel zu viel eigentlich. Es ist etwas Großes, gewiss, mit großen, sanften Rädern, Siebenmeilenreifen gleichsam, das mit Schwung und elegant und sanft und beinahe erschütterungsfrei die ganze Welt schaffen kann.

So durch die Welt zu kommen, ist sicher nicht ganz einfach. Man darf sich nicht ablenken lassen. Man darf nicht von dem bunten Geflitter und Geglitzer rundum irritiert sein. Man darf sich nicht vom Grölen und Johlen Besoffener oder liebestoller Mannsbilder irritieren lassen. Man darf sich nicht von der brüllenden Musik ablenken lassen, die unentwegt aus den Lautsprechern blökt, tagaus, tagein, und die Saskia ihren hauptamtlichen Nebenjob als Berufsfahrerin schon ziemlich versauen kann. Außer es kommt ihre Lieblingsmusik, selten genug, italienische Rockballaden oder Freddy Mercury. Besonders lästig ist Saskia das männliche Gelichter, das auf Gelegenheit wittert, sich an die junge Kraftfahrerin heranzumachen. Das erntet bei ihr nur Verachtung – und Ärger darüber, dass mancher wohl ihre Welt als eine Art Kontakthof missversteht.

Aber sie weiß, wie man all den Nachstellungen, den Anfechtungen, den rabiaten Annäherungen und den gelegentlichen Konfrontationen entkommt: Gibt es doch keinen und keine Geübtere als Saskia auf dem Eisenparkett. Sie fährt Autoskooter. Sie lacht, als man ihr erzählt, zu Hause in Bayern nenne man das Boxauto, wegen der systematischen Rempelei, in Wien sagen sie Autodrom. Sie lacht, weil die Rempler Deppen sind, die nie begriffen haben, zu welcher Freiheit es führen kann, unentwegt in einer verdrahteten Elektrokiste im Kreis zu fahren, wenn man nur genug Phantasie hat, sich die wahre Weltpiste vorzustellen. Sie kennt alle

Tricks, die man braucht, und sie kennt die schnellsten und wendigsten Manöver und die schnellsten und wendigsten Skooter. Was sonst, wenn jemand tatsächlich an so manchem Tag drei, vier Stunden und in der Woche drei, vier Tage und manchmal das ganze Wochenende fährt. Sie weiß einem jeden stieren Kollisionsfahrer auszuweichen, sie entkommt jedem Konzentrationsangriff. Als letztes Mittel kennt sie die »Klemme«, wenn jemand, meistens die pubertierenden Burschen, nicht von ihr lassen will: Dann nimmt sie den Kerl mit seiner Kiste im spitzen Winkel, klemmt ihn in einem Eck so ein, dass er erst einmal fast die ganze verbleibende Fahrzeit stillgelegt ist, bis der Strom abgeschaltet wird.

Sie hat einen Deal mit dem Skooterbetreiber im Wiener Prater, einem weiter hinten, wo nicht immer so ein Getümmel herrscht. Erst war der ziemlich irritiert, als eine junge Frau unentwegt da herumfuhr, alleine oft, immer wieder und wieder, und eine Menge Geld ausgegeben hat. Wiener sind naturgemäß argwöhnische Leute, zumal Ringelspielbetreiber im Wiener Wurschtlprater, so vermutete der etwas grobschlächtige Mensch hinter der Sache zunächst eine faule Geschichte, dass vielleicht hier irgendwelche Informationen obskurer Art unverdächtig gehandelt oder sonst irgendwelche Dinge angebahnt würden. Aber auch er weiß, dass es im Wiener Prater immer schon den Skooterwahn gegeben hat, dass Leute wie verrückt ewig im Kreis fahren. Und als Saskia nie mit jemandem redete, immer nur still, unauffällig ihre Kreise zog, da fand er das dann irgendwann ganz normal. Zu guter Letzt hat er ihr für ein geringeres Pauschalgeld einen dieser Steckschlüssel überlassen, die man in den Schlitz des Kleinstautos steckt, in dem sonst die Jetons der Kunden landen, damit das Elektrogefährt auch seinen Strom kriegt.

Man muss Saskia gesehen haben, wie sie ihre Runden zieht, homogen, allem ausweichend, allem entkommend, mit leisem, überlegenem Lächeln auf den Lippen, höchst aufmerksam bei der Sache und doch mit einem versonnenen, weiten, fernen Blick. Alaska? Der Kaukasus? Keiner ahnt, dass da eine die Welt durchquert, und selbst die hartnäckigsten Gockel lassen irgendwann von den Verfolgungsfahrten ab, mit denen sie unbedingt bei Saskia landen, mit ihr anbandeln wollen. Irgendwann merken sie, dass die gar nicht von dieser Praterwelt ist, dass die ihnen außerdem über ist am Volant der großen Welt im kleinen Wurschtlprater, und so was vertragen die Wiener Schanis und Stritzis schon gar nicht. Und keiner hat ihre Nerven, ihre Ausdauer.

Nach Hause in die Leopoldstadt. Wenn sie heimkommt, ist Saskia meist ein wenig erschöpft, aber zufrieden, manchmal auch ein bisschen glücklich, wie das so sein sollte, nach eine langen, langen Reise. Und jedes Mal hat sie wieder viel gesehen von der Welt.

Wildes Wasser
Ein Nachwort

Wien ist nie wirklich bis an die Donau vorgedrungen. Seltsam, dass Schreiber aller Provenienz dann, wenn ihnen die Häufung des Namens dieser Stadt zu viel wird, gerne zu dem dröhnenden Begriff »Donau-Metropole« greifen. Wo ist sie denn nun, die Donau? Wo prägt der Fluss die Stadt? Wo ist der magische Raum, den Ströme großen Ansiedlungen geben, sie teilend und zugleich zusammenziehend, wo die Dynamik des steten, unbeirrbaren und unerbittlichen Fließens zugleich Ruhe und Spannung all jenen einflößt, die ein wenig Sinn für die innere Osmose von Stadt und Fluss zu entwickeln vermögen? Prag, Budapest – nein, nicht Wien. Mitten in der Stadt gibt es eine Kirche, einen schlanken gotischen Bau, der da heißt »Maria am Gestade«. Das lässt ahnen, wo einstens dieser mächtige Strom, dessen Wasser so eilig und manchmal gewalttätig fließen wie die eines ungestümen Gebirgsflusses, mit seinen westlichsten Armen die Stadt umschlungen hielt. Aber wo ist sie geblieben? Wo sind die Wiener Wassermenschen, denen der Fluss auch die Sehnsucht nach Weite und Offenheit bedeutet?

Die Wiener können diesen Fluss nicht mögen: Mitten durch ihr Weichbild fließt als östliche Begrenzung der Inneren Stadt der Donau westlichster Arm. Aber die Wiener nennen ihn verächtlich »Donaukanal«. Die Tatsache, dass dieses Gewässer bei einstigen rigorosen Begradigungen als letzter innerstädtischer Rest des Stromes nur deshalb bewahrt und befestigt wurde, um die Abwässer der damals an Bevölkerung explodierenden Reichsmetropole, der Kapitale eben der »Donau-Monarchie«, abfließen zu lassen, hat sich in den gemischten Gefühlen ihrer Bewohner tiefer eingegraben als die Vorstellung, hier wirklich schon am Gestade des Stroms oder wenigstens eines seiner Seitenarme zu stehen.

Früher hassten die Wiener diesen Fluss, der herrisch und verheerend sein konnte. Die Stadt hat ja auch den Namen von dem Gewässer namens Wien, jenem weithin überdeckten, in eine triste Betonrinne eingezwängten Flüsschen. Die Donau war einst eine über sieben Kilometer in der Breite ausladende fürchterliche Naturgewalt, die in den Siebzigern des 19. Jahrhunderts brutal gefesselt und kanalisiert wurde. Erst seit der brodelnde Strom gebändigt ist, mögen die Wiener ihn ein bisschen, kommen ihm aber kaum nahe. Nach seinem letzten wilden Aufbäumen, einer Sintflut im Jahr 1954, grub man in den Siebzigern noch eine zweite, eine weitere »neue« Donau, die, normalerweise vom Strom abgeriegelt, das Hauptbett bei Hochwasser entlastet. Es kann bei so grandiosen Katastrophen, mit welcher etwa der August des Jahres 2002 ganz Mitteleuropa überzog, die überschüssigen Fluten aufnehmen, die sonst der Stadt an die Fundamente gehen würden. Eine 16 Kilometer lange Insel zwischen beiden Rinnen ist heute ein beliebtes Amüsierterrain, ein paar wassernahe Bars und Kneipen an dieser so genannten »Copa Kagrana« – benannt nach dem jenseitigen Stadtteil Kagran – rühmen sich nahezu karibischen Flairs, was zumindest in der sommerlichen Flächenberechnung nackter Haut seine Berechtigung haben mag. Gefährlich bleibt die Donau allemal, nur nicht in Wien, wo sie Kanal ist, nicht mehr schwingen kann, wie die Musik, die sie seit Johann Straußens Zeiten scheinheilig verherrlicht: der Donauwalzer – ein falsches Lied. Die Blaue-Donau-Romantik gibt es erst, seit man den Strom gefesselt hat, seine Geister gebannt, sein Strömen kanalisiert, sein Walten zu einer Frage wasserbautechnischer Berechnungen gemacht hat. Sie besingen einen Fluss mit süßem Schmalz, wie um ihm zu höhnen, ihn zu schmähen, seit sie ihm mit seiner Natur die Kraft genommen haben. An der Donau eigenem Ufer reihen sich Gewerbebauten, ziehen Gütergleise und Autobahnen dahin. Ihr Gestade ist verrammelt mit Eisen und Beton. Nur an Altarmen tummelt sich sommers das Badevolk, haben sich die Kleingärtner in unendlichen Kolonien festgekrallt, in den riesigen Townships der Koniferen.

Ein Wiener Freund hatte einen Urgroßvater, der war Schiffsmüller. Er lebte in Floridsdorf, jenseits des Stroms. Seine Mühle hatte man, wie oft am Fluss, auf ein Schiff gezimmert. Kam das Hochwasser, dann schwamm die Mühle auf statt unterzugehen oder eingerissen zu werden. Wurde die Mühle vom Toben des wilden Wassers davongerissen, dann schwamm sie kilometerweit abwärts, verfing sich irgendwo, um bald wieder heraufgezogen zu werden zum alten Liegeplatz, wenn man ihn noch vorfand, denn der Strom verwandelte sich und sein Bett und seine Welt oft im Hobeln der Flut, die das weite Feld östlich Wiens nicht selten völlig neu formte. Transdanubien, eine immer wieder vom Wasser modellierte Welt, Auen, Arme, Abenteuer. Dieser Freund liebt die Donau. Kein Wunder also, dass die Wassermenschen, also die Floridsdorfer von jenseits des Flusses, die Bewohner von Wiens heute bei weitem größtem Stadtteil, bei den sich als »echt« dünkenden Wienern nicht wirklich als Wiener gelten. Als Transdanubier eben. Was kann da schon Gutes kommen von jenseits, von drüben.

Das ist keine Stadt am Strom, keine Stadt, die dem Fluss ihre Sehnsucht nach der Weite des Unterlandes mitschicken will, dem Strom von Zeit und Historie folgen, dem Traum von den Gestaden des Meeres und den dahinter liegenden Kontinenten nachhängen will. Die Stadt lebt vom Fluss seltsam abgewandt. Der Literat Anton Kuh befand barsch, Wien liege keineswegs an, allenfalls neben der Donau. In Wahrheit, so mokierte er sich, liege Wien am Wienerwald. Huhn statt Fisch. Im Blick eher die Krempe des Gebirglerhutes als den weiten Horizont.

Und doch ist das eine Grenzstadt, bei aller Selbstgenügsamkeit ein Ort des Übergangs, in deren Reibungsebenen ungeheure Energie frei wird, die Zwischenwelten modelliert wie das Wasser die Landschaft. Vom Gebirge in die Ebene. Von der Atlantikdrift ins Kontinentalklima. Von West nach Ost. Von Germanen zu Slawen. Und umgekehrt. Von einer Brückenfunktion ist oft die Rede, namentlich in politischen

Sonntagsreden. Die Wiener verlieren dabei nie den Sinn für die Wirklichkeit. Einer ihrer Bürgermeister meinte dazu lakonisch: »Brückenfunktion? Auf einer Brücke zu leben, ist ziemlich ungemütlich. Da zieht's.« Ja, in Wien weht zweihundert Tage im Jahr der Wind.